착하게 살았다면
큰일 날 뻔했다

타인은 타인일 뿐! 나는 나답게 살고 싶다

착하게 살았다면
큰일 날 뻔했다

린야 지음 | 이지수 옮김

센시오

사람은 저마다의 색깔이 있고,
자신만의 삶이 있다

내가 정말 좋아하는 이야기가 하나 있다.

여름이 지나자 사원 뜰에 돋아 있던 풀들이 서서히 누렇게 시들기 시작했다. 그걸 보고 동자승이 말했다.

"정말 보기 싫어요. 언제 날을 잡아서 씨를 다시 뿌려야겠어요."

그러자 큰스님이 말했다.

"날이 추워질 때까지 기다려보렴. 모든 것은 때를 따라야 한단다."

추석이 지나고 어느 날 큰스님이 풀씨가 가득 담긴 봉투를 동자승에게 건네며 뜰에 뿌리도록 했다. 그런데 동자승이 봉투를 열자마자 세찬 바람이 불어와 씨들이 사방으로 날아가 버렸다.

"큰일 났어요. 씨가 바람에 다 날아가요!"

동자승이 발을 동동 구르는 모습을 보고 큰스님이 말했다.

"너무 걱정하지 말거라. 바람에 날아가는 것들은 대부분 속이 비어서 땅에 떨어져도 싹을 틔우지 못할 거란다. 모든 것은 다 제 성질을 따른단다."

동자승은 남은 씨를 뜰에 골고루 뿌렸다. 그러자 이번에는 참새 떼가 날아와 씨를 콕콕 쪼아 먹기 시작했다. 그 모습을 본 동자승은 참새 떼를 쫓기 위해 이리저리 뛰어다녔다.

그때 큰스님이 느긋하게 경전을 넘기며 말했다.

"씨를 넉넉히 뿌렸으니 다 먹지는 못할 게다. 그냥 먹으라고 내버려두거라."

그날 밤 많은 비가 내렸다. 다음 날 아침 동자승이 큰스님에게로 달려와 말했다.

"스님, 스님! 빗물에 풀씨들이 모두 휩쓸려 떠내려갔어요! 이제 어쩌면 좋을까요?"

큰스님은 가부좌를 하고 눈을 지그시 감은 채 말했다.

"그럼 휩쓸려간 곳에서 싹을 틔울 테니 너무 안타까워하지 말거라. 풀씨의 운명에 맡기도록 하자."

보름쯤 지나자 황량했던 뜰 안에 푸릇푸릇한 새싹들이 올라오기 시작했다. 심지어 씨를 뿌리지 않은 곳에서도 온통 초록빛 새싹들이 피어났다. 동자승은 폴짝폴짝 뛰며 기뻐했다. 그 모습을 지켜보던 큰스님이 조용히 말했다.

"그래, 마음껏 기뻐하렴."

동자승은 맑고 순수한 영혼을 가졌지만 그의 감정은 외부에서 일어나는 일들로부터 자유롭지 못했다. 어쩐지 지금의 우리 모습과 많이 닮아 있지 않은가?

동자승이 그랬던 것처럼 우리의 감정은 주변에서 일어나는 일과 사람으로부터 쉽게 영향을 받는다. 하지만 그렇다고 큰 스님처럼 높은 경지의 깨달음을 얻는 것도 결코 쉬운 일은 아니다. 그것은 세상사에 대한 깊은 통찰과 오랜 수련을 통해 얻을 수 있는 것이기 때문이다.

그렇다면 지금 우리가 할 수 있는 일은 무엇일까?

우리는 온갖 유혹이 난무하는 시대를 살아가고 있다. 부와 명예에 대한 사람들의 열망은 그 어느 때보다 높다. 사람들은 각종 미디어의 영향으로 남보다 빨리 세상에 이름을 알리고, 멋진 차와 근사한 집을 소유하며, 사업에 성공하고, 모든 면에서 주변 사람들보다 훨씬 더 잘나가기를 바란다.

문제는 이렇게 타인을 삶의 중심에 두고 살아가게 되면 진짜 자기의 삶을 살아갈 수 없게 된다는 것이다. 사람이 사회적 존재인 것은 맞지만 타인의 시선을 지나치게 의식하게 되면 내가 하고 싶은 일을 하기도, 내가 가고 싶은 길을 가기도 어렵다. 이런 경우 다른 사람들에게 잘 보이기 위해 무리를 하게 되는 경우도 있다. 착한 사람, 좋은 사람으로 보이기 위해 자기 본연의 모습은 포기하게 되고, 그러다 보면 타인에 대한 의존도가 높아져 자존감마저 흔들리게 된다. 결국 매사에 다른 사람을 원망하거나 문제의 원인을 밖에서 찾게 된다.

이런 사람에게 삶은 불만투성이다. 내 마음대로 되는 것도 없고 타인을 만족시키기는 더 어렵기 때문이다. 만족이 없기 때문에 늘 밖에서, 다른 데서 행복을 찾게 된다. 더구나 다른 사람들에게 끌려다니다 보면 쉬운 사람이 되기 십상이다.

하지만 언제까지나 그렇게 살아야 하는 건 아니다. 사람은 저마다의 색깔이 있고, 자신만의 삶이 있다. 밖으로 향해 있던 시선을 자기 내부로 돌리고 자신이 어떤 사람인지, 무엇을 할 때 만족스러운지, 어떻게 살아가고 싶은지를 성찰해야 한다.

내가 하고 싶은 말은 모두가 가는 길이라고 해서 그 길이 꼭 내가 가야 할 길은 아니라는 것이다. 때론 넘어지고 때론 자신에게 실망할 수도 있다. 그래도 괜찮다. 그게 인생이니까. 세상의 변화에 발맞춰 가면서도 다른 사람들에게 잘 보이기 위해 너무 애쓰지 말고, 내 길을 오롯이 가자. 큰스님이 동자승에게 말한 것처럼 '모든 것이 다 제 성질을 따르듯' 우리 모두는 각자 자신의 성질을 따라야 한다. 그 과정에서 진정한 자기 자신과 만나는 것, 그것이면 충분하다.

차례

PART 1.
타인은 타인일 뿐! 나는 나답게 살고 싶다

PART 2.

의미 없는 분주함에서 벗어나는 법

PART 3.
나답게 살 때 기회비용이 가장 적게 든다

PART 4.

큰길이 되지 못하면 작은 오솔길이 되면 그만이다

타인은 타인일 뿐! 나는 나답게 살고 싶다

66

현이 하나 끊어졌지만
나머지 세 현으로 연주를 계속해나가는 것,
이것이 바로 인생이다.

99

인생을
살아가는
방식은
몇 가지나 될까?

오늘날 우리는 그 어느 때보다 정보가 발달한 시대를 살아가고 있다. 인터넷과 새로운 매체들의 발전으로 사람들의 삶은 예전과는 비교할 수 없을 만큼 다채롭고 풍성해졌다. 그러다 보니 아무리 시류에 휩쓸리지 않는다고 자부하는 사람도 종종 이런 생각을 하게 된다.

'지금보다 더 나은 방식으로 살 수는 없을까?'

나는 지금껏 이런 생각이 삶에 아주 긍정적인 역할을 한다고 믿어왔다. 이런 생각을 한다는 것만으로도 인생에 무한한 가능성이 열리고 성장 배경과 고정관념에서 벗어나 자신만의 삶을 만들어갈 수 있기 때문이다.

그러나 그 '더 나은 방식'이 내 가슴을 뛰게 한다 할지라도 내게 맞고, 내가 실행할 수 있는 것인지는 장담할 수 없다. 그리고 일이 쉽고 돈도 많이 벌 수 있는 일자리를 찾는다거나 여행을 다니며 한가로이 책을 읽으며 사는 삶을 꿈꾸는데 당장 눈앞의 괴로운 현실에서 벗어나지 못한다면 이러한 바람은 고통만 줄 뿐이다.

　지아는 나의 소꿉친구다. 그녀는 우리 부모님 세대의 기준에서는 여자로서 가장 크게 성공한 친구다. 지아는 대학 졸업 후 한 공기업에 들어갔는데, 일이 특별히 재미있지도 않고 연봉이 많은 편도 아니지만 체면 세우기에도 좋고 안정적이라는 장점이 있었다.

　"여자한테는 공기업이 최고지! 가족들 먹여 살려야 하는 것도 아닌데 월급 좀 적으면 어때? 쉬엄쉬엄 일하면서 돈도 벌고 집안도 잘 챙기면 좋지 뭐."

　나의 부모님뿐만 아니라 사돈의 팔촌들까지 다들 이렇게 말했다.

　그뿐 아니라 지아의 결혼생활은 누가 봐도 완벽해 보였다. 신랑 집안과는 오래전부터 알고 지내온 터라 부모님이 일찌감치 신랑을 사윗감으로 점찍어뒀고, 집안끼리 형편도 비슷하다보니 결혼은 순조롭게 진행되었다. 신랑은 모든 면에서 완벽한 남자는 아니었지만 그래도 가정교육을 잘 받고 자란 건실한 청년이었다. 결혼할 때 시댁에서 집이며 차며 모두 마련해줬고, 지아에게 당신들이 키워주겠다며 아무 걱정 말고 언제든 아이를 낳으라고 말씀하셨다.

　지아는 그 누가 봐도 괜찮은 인생을 살고 있었고, 스스로도 그렇게 생각했다. 지아와 대화를 나누다 보면 그녀의 얼굴에서 감출 수 없는 즐거움과 자신감을 볼 수 있었다.

그녀는 종종 내게 가르치듯 말했다.

"린아, 나처럼 한 살이라도 젊을 때 안정적인 일자리도 찾고, 좋은 짝 만나 결혼도 해야지. 너 그렇게 일도 불안정하고 계속 다른 남자 만나는 거 피곤하지 않아?"

나는 그녀가 이런 이야기를 할 때마다 가볍게 웃어넘기곤 했다. 굳이 머리 아프게 내 인생에 대해 시시콜콜 해명할 필요도 없고, 지아 입장에서는 그렇게 생각할 수도 있다고 생각했기 때문이다.

그러나 요즘 지아는 중년의 위기가 일찍 찾아온 건지, 회사 일이 지겨워서인지, 아니면 뜨거운 사랑과는 거리가 먼 그저 성실하기만 한 남편 때문인지, 미모나 체력이 예전 같지 않아서인지 갑자기 나를 부러워하기 시작했다.

"린아, 나는 정말 네가 부러워. 매일 출근하지 않아도 되고, 아무 때나 여행을 갈 수도 있고, 글 몇 편 쓰면 금방 돈도 벌 수 있으니 말이야. 게다가 그동안 남자도 원 없이 만났을 거 아냐…."

나는 서둘러 지아의 말을 끊었다.

"그만! 친구야, 나는 건전하고 독립적이고 누구보다 열심히 살고 있는 작가거든! 내가 매일 놀고먹기만 하는 한량인 것처럼 말하지 말아 줄래?"

나는 농담 반 진담 반으로 이야기했다.

"정말 내가 부러워? 그럼 내 인생이랑 바꿔볼래? 너 혼자 전등 갈 줄은 아니? 당장 내일이 마감인데 글을 한 글자도 쓰지 못했을 때 느끼는 압박감이 얼마나 큰지는 알아? 친구야, 네가 누리고 있는 편안함을 버릴 게 아니라면 다른 사람의 인생은 부러워하지 마. 어떻게 살든 다 장단점이 있기 마련인 거야. 그리고 그건 직접 살아본 사람만이 알 수 있어."

　인생을 살아가는 방식은 정말 다양하지만 어떤 것이 가장 좋다고 말할 수는 없다. 울어도 벤츠에 앉아 울어야 한다는 사람이 있는가 하면, 자전거 한 대만 있어도 좋으니 웃을 일만 있었으면 좋겠다고 하는 사람도 있다. 그 어떤 대가를 치르고서라도 위로 올라가고 싶은 사람이 있는가 하면, 고작 돈 몇 푼 때문에 허리를 굽히지는 않겠다고 하는 사람도 있다. 어떤 사람은 돈보다 사람이 중요하다고 말하고, 어떤 사람은 세상에 돈보다 중요한 것은 없다고 말한다. 또 어떤 사람은 기타하나 둘러매고 꿈을 찾아 떠나고, 어떤 사람은 꿈은 일단 미뤄두고 더 많은 돈을 벌 수 있는 일을 찾아 나선다.

　나는 그 어떤 인생관에 대해서도 도덕적인 평가를 할 생각은 없다. 누구에게나 한 번뿐인 인생이고, 어떤 방식으로 살든 그것은 개인의 자유다. 물론 선택에 따르는 결과 역시 자신이 책임져야 한다. 다만 어떠한 선택을 하든 모든 것을 다 얻을 수는 없다는 사실을 기억해야 한다. 당신이 선택한 인생에 여러 가지 가능성이 있을 수는 있지만 무엇을 얻고, 무엇을 이루든 반드시 그것에 대한 책임과 대가가 따르게 마련이다. 어떤 것은 당신의 마음을 시험할 수도 있고, 어떤 것은 엄청난 능력을 요구할 수도 있으며, 또 어떤 것은 도덕적 관념에 굉장한 충격을 줄 수도 있다. 그러므로 어떤 방식은 선택하지 못하는 것이 아니라 일부러 선택하지 않는 것일 수도 있다.

그러니 당신의 출신, 성장 배경, 재산, 개인의 능력, 성격, 지능, 가정환경 등 모든 요소를 종합적으로 따지더라도 정말로 당신에게 맞는 삶의 방식을 찾기는 힘들 것이다.

우리가 할 수 있는 일은 스스로 선택한 인생이든, 내 의지와 상관없이 선택된 인생이든 진짜 자신의 모습을 잃지 않고 스스로의 인생을 더욱 원만하고 윤택하게 가꾸어가는 것이다. 그 밖의 것은 아무리 당신의 가슴을 뛰게 한다 한들 다른 사람의 인생일 뿐이다. 가슴이 뛰는 것까지는 괜찮지만 당신의 방식이 아닌 삶으로 인해 마음까지 어지럽혀서는 안 된다.

똑똑한 사람은
내일을
계획하는 데
힘을 쏟는다

존은 어려서 농장을 운영하던 고모네 집에서 살았다. 농장이 위치한 곳은 땅이 척박하고 관개시설도 제대로 갖춰지지 않아서 농작물이 잘 자라지 않았기 때문에 집안 생계는 늘 빠듯했고, 고모부는 한 푼이라도 아끼려고 노력했다. 그런데 이런 형편에도 집안 꾸미는 것을 좋아했던 고모는 외상으로 장식품들을 계속 사들였다. 고모부는 신용을 굉장히 중요하게 생각하는 사람이라 그런 식으로 빚을 지고 싶지 않았다. 그래서 어느 날 고모가 자주 가는 가게에 찾아가 사장님에게 더 이상 고모에게 외상으로 물건을 주지 말라고 부탁했다. 얼마 후 이 사실을 알게 된 고모는 불같이 화를 냈다.

그 일이 있은 지 벌써 50년도 넘었지만 고모는 여전히 고모부에게 화가 나 있다. 존은 고모네 집에 살면서 이 이야기를 한두 번 들은 게 아니라고 했다.

존이 고모를 마지막으로 본 건 고모가 팔순 가까이 되었을 때였다. 하지만 고모는 꼬부랑 할머니가 되어서도 그 일을 이야기하며 분통을 터트리셨다. 그런 고모에게 존이 말했다.

"고모, 그 일로 고모부한테 섭섭하셨을 수도 있지만 50년 넘게 화를 내셨으면 그만하실 때도 됐잖아요."

누가 이런 사소한 일로 그렇게 오랜 세월 동안 화를 내겠냐고 할 수도 있겠지만, 우리 주변에는 이런 사람들이 생각보다 많다. 우리 엄마만 해도 30년 전 아빠에게 들은 말 때문에 여전히 화가 나 계시다. 비록 그때 딱 한 번이었고 아빠가 수도 없이 사과를 했지만 엄마는 아직도 그 일을 마음에 담아두고 있다.

물론 아빠가 잘못을 하셨으니 엄마가 화를 내는 것은 당연하지만 오랜 세월이 지나고도 여전히 그때의 사소한 일 때문에 괴롭다면 이제 잘못의 책임은 아빠가 아니라 엄마의 마음에 있는 것이다.

과거의 일은 때가 되면 흘러가도록 두어야 한다. 과거의 일에 계속 얽매면 현재의 인생에 긍정적인 영향을 주지 못한다. 마음속에 화나고 짜증나는 일을 계속 담아두고 있으면 삶의 질에 부정적인 영향을 미치게 된다.

인생은 어제를 지나 오늘이 되고, 오늘을 지나 내일로 간다. 그런데 우리는 오늘을 살면서 어제 일에 사로잡혀 있을 때가 많다. 어제의 아픔, 슬픔, 기쁨 등의 감정을 계속 안고 오늘을 살아가기 때문에 우리의 감정은 종잡을 수 없을 때가 많다.

사실 어제의 감정은 오늘이 되기 전에 잊어버리는 것이 좋다. 그렇다고 어제의 나와 오늘의 내가 전혀 상관이 없다는 뜻은 아니다. 단지 어제 대단한 성공을 거뒀든, 처참한 실패를 경험했든 그것은 이미 과거의 일인 것이다. 어제의 일이 오늘과 내일에 어느 정도 영향을 줄 수는 있지만 오늘과 내일을 살아가는 데 있어서 결정적인 요소가 되지는 못한다. 그러니 가급적 어제의 일은 잊는 것이 좋고, 특히 안 좋았던 일에는 더더욱 연연하지 말아야 한다.

과거의 일에 연연하는 것은 잘못된 사고방식 때문이다. 지금부터라도 사고의 방향을 올바르게 잡는다면 어제의 불쾌하고 괴로웠던 일들을 털어버리는 게 결코 어렵지 않다는 것을 알게 될 것이다.

아론 샌더스는 그의 과학 선생님이었던 폴 브렌드웨인 박사의 가르침을 평생 잊을 수 없다. 당시 아론은 평소 걱정과 고민이 많은 10대 소년이었다. 그는 어쩌다 잘못이나 실수를 저지르기라도 하면 계속 자책하며 괴로워했고, 그 일을 생각하며 '그때 그런 행동을 하지 말걸', '그때 그런 말을 하지 말걸' 하고 후회하는 일이 많았다.

어느 날 아침 아론이 과학 실험실에 들어갔을 때 실험실에는 폴 브렌드웨인 선생님이 혼자 책상 앞에 앉아 계셨다. 책상 위에는 우유 한 병이 올려져 있었는데, 아론은 우유와 과학이 무슨 관련이 있나 싶어 의아했다. 그런데 선생님은 아론을 보더니 갑자기 우유를 개수대로 가져가 모두 쏟아버리고는 이렇게 말씀하셨다.

"이미 엎질러진 우유를 보고 울지 말거라."

과거의 괴로운 일들은
빨리 잊는 법을 배우자

아론을 개수대 앞으로 데려간 선생님은 말씀하셨다.

"이 모습을 잘 봐두고 내가 방금 한 말을 잊지 말길 바란다. 우유는 이미 엎질러졌고 아무리 후회한다 한들 한 방울도 다시 담을 수 없단다. 그러니 우유가 엎질러진 다음에 해야 할 일은 후회가 아니라 실수를 교훈 삼아 앞으로 해야 할 일을 제대로 하는 거란다."

똑똑한 사람들은 우유가 엎질러졌다고 해서 주저앉아 울고 있지만은 않는다. 대신 실수를 만회하고 손실을 최소화할 방법을 찾는다. 그래서 이런 부류의 사람들은 무슨 일을 하든 쉽게 성공한다.

내가 통제할 수 없는 상황이 발생했을 때는 더 이상 그것으로부터 영향을 받지 않도록 해야 한다. 이미 일어난 일에 대해 후회하는 데 에너지를 낭비하는 것은 더 큰 손실을 불러올 뿐이다. 이때는 관심을 다른 곳으로 돌려야 새로운 기회를 얻을 수 있다.

우리의 삶은 망망대해를 떠다니는 작은 배처럼 때때로 거센 파도에 휩쓸리기도 한다. '모든 일이 뜻대로 이루어질 것'이라는 말은 그저 바람에 불과하다. 현실에서 우리는 거대한 파도 앞에 놓인 작은 배처럼 한치 앞을 알 수 없는 무력한 존재일 뿐이다. 그러므로 과거의 괴로운 일들은 되도록 빨리 잊는 법을 배워 인생에 어두운 그림자가 드리우지 않도록 해야 한다.

이렇게 말하는 사람들도 있을 것이다.

"말이 쉽지. 어디 잊는 게 그렇게 쉬운가요!"

"고통스러웠던 그 일을 어떻게 잊을 수 있겠어요."

그러나 한 걸음만 물러나 생각해보면 밝은 빛을 비추는 태양에도 흑점이 있고 어두운 밤하늘을 비추는 밝은 달도 차고 기울기를 반복한다는 사실을 떠올릴 수 있을 것이다. 우리는 어제의 어두운 근심거리는 잊고 오늘의 밝은 태양을 마주하며 웃으면서 새로운 내일을 맞이해야 한다. 똑똑한 사람은 내일을 계획하는 것도 잊지 않기 때문이다.

올해 마흔 살인 톰은 5년 전 인생에서 아주 힘든 시간을 보냈다. 그는 대학교를 졸업하고 취직해 그 회사에서 4년 정도 일하다가 이후 자기 사업을 시작했다. 톰의 사업은 처음에는 승승장구했지만 중간에 투자를 잘못하는 바람에 파산 직전에 이르게 되었다. 톰은 괴로운 마음에 밤마다 술을 마셨다. 그의 아내는 다시 시작할 수 있다고 남편을 위로했지만 소용이 없었다. 그는 아내의 위로와 격려를 고마워하기는커녕 버럭 화를 내기 일쑤였고 줄곧 자신의 불운을 원망했다. 주변 사람들 모두 톰을 아꼈지만 누구도 그가 실패를 딛고 다시 일어설 수 있게 도와주지 못했다.

그 시절 톰은 매일 어제에 대한 후회로 눈물을 흘렸다. 하지만 후회와 눈물은 아무것도 해결해주지 못했다. 급기야 톰의 아내는 남편의 무력하고 냉담한 모습에 지쳤고 잠시 떨어져 살자며 톰의 곁을 떠났다.

"아내가 떠나자 비로소 내가 그동안 얼마나 한심하게 살아왔는지 깨닫게 됐어. 아내는 나를 걱정하고 힘이 돼주려고 애썼는데, 나는 매일 술이나 마시고 화만 냈으니… 정말 면목이 없었지.”

톰이 지난날을 후회하며 친구에게 말했다.

“나는 다시 일어서기로 결심했어. 그때 마침 한 친구가 나와 동업을 하고 싶다며 찾아왔는데, 그 친구는 폐인 같은 내 모습을 보고는 정신 좀 차리라며 한바탕 욕을 퍼붓더라고. 그 욕을 들으니 정말 정신이 번쩍 드는 거야.”

톰은 그 후 몇 년 동안 고군분투해 다시 한 번 큰 성공을 거두었고 아내와의 관계도 회복되었다. 한때 아무런 희망도 없이 자포자기했던 톰은 이제 사업에도 성공하고 행복한 가정을 가진, 세상 사람들이 모두 부러워할 만한 인생을 살고 있다.

만약 톰이 계속 자포자기 상태로 있었다면 지난날의 실패에서 벗어나지 못했을 것이고, 그랬다면 평생 사업도, 결혼도 실패한 인생을 살았을 것이다.

우리에게 가장 중요한 순간은 이미 지나간 어제도, 아직 찾아오지 않은 내일도 아닌 오늘 지금 이 순간이다. 바로 오늘을 어떻게 사는가가 앞으로 다가올 나날의 성패를 좌우하는 것이다.

과거의 어두운 그림자에서 벗어나지 못하면 성공은 절대 찾아오지 않는다. 그러나 긍정적이고 적극적인 태도로 어제의 짐을 내려놓고 어둠에서 벗어나려고 노력하면 성공에 한 걸음 다가서게 된다. 그러니 이미 지나간 일로 괴로워하지 말

고 관대한 마음으로 인생에 긍정적인 기운을 불어넣어야 한
다. 그러면 현재의 내 인생이 얼마나 아름답고 행복한지 깨닫
게 될 것이다.

사는 게
무료한 사람들이
다른 사람을
함부로 평가한다

직장생활을 하거나 일상생활을 하면서 우리는 다른 사람들의 이런 저런 의심을 피할 수 없다. 사람들은 누군가 잘나가는 사람이 있으면 그가 현재의 위치에 오를 만한 능력이 있는 사람인지 의심하기도 하고, 그가 제시한 아이디어가 정말로 그의 머릿속에서 나온 것인지 의심하기도 하며, 뒤에서 그가 자신의 발목을 잡을 만한 행동을 한 것은 없는지 의심하기도 한다. 사람은 누구나 이러한 의심으로부터 자유로울 수가 없다.

사람은 완벽한 존재가 아니다. 누구나 크고 작은 단점들을 가지고 있으며, 이러한 단점들은 다른 사람들이 그 사람을 평가하는 잣대가 되기도 한다. 그러나 태생적, 환경적 차이에서 오는 영향을 인정하고 자신의 장점과 단점을 모두 받아들이면 그야말로 건강하고 행복한 인생을 시작할 수 있다.

부족한 점을 인정한다고 해서 자신의 존재를 무시하거나 얕보게 되는 것은 절대 아니다.

"린야, 너는 원래 완벽한 사람이 아니야. 그건 아주 정상적인 일이야. 세상에 완벽한 사람은 절대 없어."

나는 하루를 마무리하면서 그날 잘못하거나 실수한 일이 있으면 스스로에게 이렇게 말한다. 그런 다음 실수한 일을 어떻게 바로잡을지에 대해 생각해본다.

하지만 그럼에도 불구하고 자신을 의심하고 부정하는 목소리 앞에서는 속상한 마음을 감출 수가 없다. "충성스럽고 곧은 말은 귀에 거슬린다"는 말이 있는 것처럼 다른 사람의 질책과 비판이 때로는 나를 성장시킨다. 이러한 긍정적인 비판은 괴롭더라도 마땅히 가슴 깊이 새겨야 한다.

그러나 진심 어린 충언이 아니라 그저 인생이 무료하고 지겨워서 다른 사람을 함부로 평가하고 꼬투리 잡는 사람들도 있다.

"린야, 너 립스틱 색깔이 너무 진한 거 아니니?"

며칠 전 나와 비슷한 색의 립스틱을 바른 연예인의 사진을 보며 동료가 내게 한 말이다.

"린야, 넌 항상 여자들도 독립적이어야 한다고 강조하는데, 네가 남자 덕을 못 보니까 괜히 샘나서 그러는 거 아니야? 만약에 돈 많은 남자 만나서 호강할 수 있으면 너라고 애써 나가서 고생하고 싶은 생각이 들겠니?"

그때 나는 속으로 이렇게 생각했다.

'그래. 넌 꼭 그런 남자 만나서 평생 놀고먹으면서 살아라.'

이처럼 누군가 생각 없이 던지는 말들은 마음에 담아둘 필요가 없다. 세상에는 다른 사람을 깎아내리고 부정함으로써 자신의 존재감과 우월감을 드러내고자 하는 사람들이 있기 마련이니까.

사람은 수시로 자기 자신에 대해 반성하고 스스로를 제대로 인지해야 하며, 부족한 점을 받아들일 수도 있어야 한다. 하지만 이때 어떤 정보가 내게 정말로 필요한 충고인지, 어떤 정보가 마음에 담아둘 필요 없는 쓸데없는 말인지 명확히 구분할 수 있는 지혜가 필요하다.

다른 사람들이 당신을 부정하는 것은 두려워할 일이 아니다. 정말로 두려워할 것은 당신이 그것을 사실로 받아들이고 심지어 스스로를 부정하는 것이다.

켈리는 박사 학위를 받고 한 병원에서 심리상담가로 일하고 있다. 그녀는 자신의 직장 생활에 어느 정도 만족하는 편이지만 한 가지 불만이 있었다. 하는 일에 비해 월급이 적다는 것이었다. 켈리는 상사에게 몇 차례 월급을 인상해달라고 요구했지만 매번 뜻을 이루지 못했다.

그녀는 고민 끝에 친구인 조지에게 전화를 걸어 도움을 청했다.

"상사에게 월급을 올려달라고 속 시원하게 말하고 싶은데 쉽지 않네. 게다가 상사가 남자여서 말을 꺼내기가 더 어려운 것 같아. 나 좀 도와줄 수 있어?"

켈리가 기어들어가는 목소리로 말했다. 그녀는 이 일에 자신이 없어 보였다.

"그동안 몇 번이나 월급을 올려달라고 말했었는데, 말하면서도 내가 잘하고 있는 건지 확신이 들지 않아서 하고 싶은 말을 제대로 다 못했어. 너도 알다시피 우리 상사가 여러 번 바뀌었잖아. 그때마다 월급을 인상해달라고 얘기했는데, 한 번도 성공한 적이 없어."

조지와 켈리는 3시간 넘게 이야기를 나눈 끝에 문제가 무엇인지 찾아냈다. 그동안 켈리는 상사들에게 몇 차례 월급 인상을 요구했지만, 사실 그 협상은 시작하기도 전에 이미 실패할 수밖에 없는 협상이었던 것이다.

"나하고 이력은 비슷한데, 우리 병원에 나보다 3년 늦게 들어온 사람이 있어. 그런데 그 사람은 나보다 연봉을 2만 달러나 더 받고 있어. 그 사람은 나보다 일은 적게 하면서 휴가는 더 많고, 보너스도 더 많이 받아. 그러니까 나도 월급을 올려달라고 해도 되는 거지?"

켈리는 이어서 말했다.

"그런데 그 사람은 원장님과 사이가 아주 좋아. 두 사람은 함께 식사도 자주 하는 편이고, 편하게 농담도 주고받고, 종종 집으로 초대하기도 하는 것 같더라고. 나하고는 완전히 달라."

켈리가 지난번에 상사에게 월급을 올려달라고 했을 때 상사는 이렇게 말했다고 한다.

"나도 할 수만 있다면 당연히 켈리 선생 월급을 올려주고 싶어요. 그런데 지금 병원 사정이 좋지 않아서 전화요금조차 제때에 못 내고 있는 상황입니다."

켈리는 이 말을 듣고 조용히 자리에서 일어섰다. 하지만 나중에 켈리에게서 이 이야기를 들은 총무과장의 말은 달랐다.

"무슨 소리야! 지금 예산이 얼마나 많이 남았는데!"

이 말을 들은 켈리는 상사가 자신을 좋아하지 않는다는 사실을 깨달았다.

이런 상황에서 켈리는 자신의 월급 인상이 불가능한 일이라고 생각하고 있었고, 그렇다 보니 상사에게 말을 꺼내기도 전에 그 협상은 이미 실패한 것이나 다름없었던 것이다.

켈리는 원장의 신뢰를 받지 못한다는 사실에 스스로 자신의 업무 능력까지 의심하기 시작했다. 그녀는 자신이 그동안 두드러진 성과를 내지도 못했고, 원장이 생각하는 기준에 부합하지 못한다고 생각하고 있었다.

조지는 먼저 켈리에게 자신감을 심어줘야겠다고 생각했다. 그는 켈리에게 월급 인상에 대한 타당성을 뒷받침할 만한 자료를 만들어보라고 했다. 업무 계획, 진도, 결과 등을 자세히 기록해 상사가 업무 성과를 눈으로 확인할 수 있도록 하고, 자신이 얼마나 일을 중요하게 생각하고 열심히 하고 있는지를 보여주라고 한 것이다. 이렇게 하면 상사도 월급을 올려달라는 요청에 반박할 수 없을 것이라고 여긴 것이다.

그리고 조지는 켈리에게 월급을 올려달라고 이야기할 때 소심하게 불평불만을 털어놓는 것처럼 말하기보다 긍정적이고 적극적인 자세로 말하라고 조언했다. 자신의 의도를 긍정적으로 설명하고, 월급을 올려주면 병원에 어떤 도움이 될지를 구체적으로 언급한다면 분명 좋은 결과가 있을 거라고 말했다. 조지는 마지막으로 이렇게 덧붙였다.

"그리고 만약 이번에도 거절당한다면 그 다음에는 어떻게 할지 미리 계획을 세워놔."

2주 후 켈리는 조지에게 반가운 소식을 전할 수 있었다. 드디어 켈리의 월급이 올랐으며, 자신이 생각했던 것보다 훨씬 많은 월급을 받게 되었다는 소식이었다. 켈리는 기뻐하면서도 그 결과에 대해 의아하게 생각했다. 그러자 조지가 말했다.

"그건 남들이 너를 어떻게 생각하든 네가 너 자신을 믿었기 때문이야."

켈리처럼 사람들은 다른 이들의 의심이나 부정적인 반응 때문에 심리적으로 위축되어 앞으로 나아가지 못하고 웅크리고 있을 때가 있다. 하지만 그렇게 되면 자신의 가치를 높일 기회를 놓치게 된다. 이럴 때 사고방식을 조금만 긍정적으로 바꾸면 다른 사람들이 뭐라고 하든 자기 자신을 정확하게 평가하고 자신의 능력을 믿을 수 있게 된다.

사람은 누구나 부족하고 모자란 점이 있지만 그것을 긍정적으로 받아들여 자신감과 성공에 대한 열망을 키우고, 이로써 다른 사람들의 무시와 의심을 극복해야 한다.

19세기 프랑스의 약리학자이자 심리치료사인 에밀 쿠에는 심리 치료가 필요한 환자들에게 다음과 같은 문장을 매일 반복해서 말하도록 했다.

"나는 날마다 모든 면에서 점점 더 좋아지고 있다."

이 치료법은 간단하면서도 매우 효과적이다. 에밀 쿠에는 아침, 점심, 저녁 생각날 때마다 수시로 이 문장을 되뇌고 매일 지속적으로 반복하도록 했다. 나중에 사람들은 이 방법을 가리켜 '자기암시'라고 불렀다. 이렇게 반복해서 자기암시를 하면 그 생각은 서서히 잠재의식의 일부분이 되고, 나중에는 자신의 일부분이 된다.

그러니 우리는 매일 '나는 나 자신을 믿는다'라고 자기암시를 해야 한다. 자신에 대한 믿음은 우리가 생각하는 것보다 훨씬 더 큰 힘을 발휘한다. 특히 어떤 일로 실망하거나 좌절했을 때 그 효과를 톡톡히 볼 수 있다.

다른 사람에게 용기를 주고 자신감을 심어주는 것도 어렵지 않다. "나는 널 믿어. 네가 최고야"라고 끊임없이 이야기해주면 된다.

어쩌면 당신은 이미 "나는 나 자신을 믿어. 내가 최고야"라고 말하고 있을지도 모른다. 그런데 과연 정말로 당신 자신을 믿고 있을까? 혹시 작은 난관에 부딪히기라도 하면 방금 전까지 외치던 구호를 까맣게 잊어버리지는 않는가? 아니면 적당히 타협하고 물러나려고 하지는 않는가?

세상을 살아가면서 늘 칭찬만 들을 수는 없다. 다른 사람들에게 비난과 의심과 비웃음을 받을 때가 더 많을지도 모른다. 세상에는 인생이 무료한 사람들이 많고, 그들은 다른 사람들을 비난하고 의심하는 것을 너무 좋아하기 때문이다. 그러니 남들의 평가는 중요하지 않다. 누군가의 말 한마디 한마디를 모두 마음에 담아두면 인생의 짐만 많아지게 된다. 다른 사람들의 박수갈채를 받지 못하면 어떤가! 당신 스스로 당신에게 끊임없이 박수를 쳐주는 것만 잊지 않으면 된다.

다른 사람은
다른 사람일 뿐!

우리는 일상에서 '부럽다'는 표현을 자주 사용하기도 하고 자주 듣기도 한다. 아이들은 어른들을 부러워하고, 어른들은 아이들을 부러워한다. 일반인은 연예인을 부러워하고, 연예인은 일반인을 부러워한다. 실패한 사람은 성공한 사람을 부러워하고, 못생긴 사람은 잘생긴 사람을 부러워하며, 병사는 장군을 부러워하고, 소년은 영웅을 부러워한다.

가장 흔한 것은 돈 없는 사람이 돈 많은 사람을 부러워하는 경우다. 이런 생각을 한번쯤은 해봤을 것이다.

'돈이 많으면 얼마나 좋을까! 하고 싶은 일은 뭐든 할 수 있겠지? 부모님을 더 좋은 집에서 모실 수도 있고, 아내와 아이들이 돈 걱정 없이 편하게 살 수도 있을 거야. 장 볼 때 가격표를 뚫어져라 쳐다보지 않아도 되고, 외식할 때 주머니 사정 때문에 음식 고르느라 시간 끌지 않아도 되니 얼마나 좋아! 여행 갈 때 딱딱한 일반석 대신 편안하고 쾌적한 일등석을 타고

갈 수도 있고. 그러면 허리 아플 일도 없고 좋을 텐데.'

하지만 돈 많은 사람이라고 부러운 것이 없을까?

'남편이 돈을 잘 벌면 뭐해? 매일 회의에, 접대에 얼굴 볼 시간도 없는데. 돈은 많이 못 벌어도 좋으니 우리 남편도 다른 남편들처럼 집에서 가족들이랑 시간도 보내고 집안일도 도와주면 좋겠어.'

부러움의 감정은 대부분 비슷하다. 다만 누군가에 대한 부러움을 지나치게 부풀리다 보면 상대적으로 자신의 행복감을 깎아내리게 되고 평온한 마음을 유지하기가 힘들어진다.

예전에 다니던 회사에 얼굴도 예쁘고 성격도 좋고 집안까지 좋은 여자 직원이 한 명 있었다. 모든 것을 다 가진 듯한 그녀는 남자 직원들에게는 흠모의 대상이었고, 여자 직원들에게는 부러움의 대상이었다.

그런데 얼마 전에 그녀가 회사에서 갑자기 쓰러져 병원에 실려 갔다는 소식을 들었다. 알고 보니 그녀는 선천성 심장병을 앓고 있었다. 병문안을 간 동료들 앞에서 그녀는 눈물을 글썽이면서 말했다고 한다.

"여러분이 정말 부러워요. 저도 건강해질 수만 있다면 얼마나 좋을까요."

그 누가 이런 상황을 예상했겠는가?

사실은 이렇다. 내가 누군가를 부러워하고 있을 때, 나 자신도 누군가의 부러움의 대상일 수 있는 것이다. 사실이 이렇지만 현재 자신이 가진 것을 소중히 여길 줄 아는 사람은 과연 몇이나 될까?

노자는 말했다.

"다투지 않으면 천하에 능히 겨룰 자가 없다."

우리는 다른 사람을 부러워하기보다 내가 현재 가진 것들을 소중히 여길 줄 알아야 한다. 돈이 많다고 해서 돈을 물 쓰듯이 펑펑 쓰지도 말아야 하지만, 돈이 없다고 해서 너무 인색하지도 말아야 한다. 권력이 있다고 해서 의기양양할 일도 없고, 권력이 없다고 해서 의기소침할 필요도 없다. 돈과 명예를 거머쥐기 위해 너무 애쓸 필요 없는 것이다. 평탄한 인생에, 건강한 몸과 편안한 마음을 가졌다면 더 이상 바랄 것이 있을까! 지나친 욕심과 걱정을 내려놓는 것만으로도 매일매일이 행복해질 수 있다.

나의 동창인 샤오루는 원래 굉장히 밝고 명랑한 친구였는데, 결혼을 하고나서 사람이 어둡고 부정적으로 변했다.

몇몇 잘나가는 친구들을 보면서 자극을 받아서인지 그녀는 나날이 우직하고 성실하기만 한 남편에 대한 불만이 쌓여갔고, 물질적으로 지원을 해주지 못하는 부모님을 원망하기도 했다. 그녀는 많은 시간을 주변의 누군가를 원망하거나 부러워하는 데 썼다.

"린야, 인생은 참 불공평해. 린화 좀 봐. 솔직히 얼굴은 우리보다 못생겼는데 집에 돈이 많으니 걱정이 없잖아. 마리는 또 어떻고? 부잣집 딸은 아니지만 얼굴 예쁘고 몸매가 좋아서 돈 많은 남자하고 결혼했잖아. 결혼할 때 시댁에서 집이며 차며 다 해주고 말이야. 결혼하고 나서는 직장도 안 다니고, 만날

헬스클럽이나 미용실 다니면서 팔자 좋게 살잖아. 루신은 얼굴도 평범하고 집안도 그냥 그렇지만 걔는 능력이 있으니까 알아서 잘 살 거야. 그리고 린야 너는 글도 잘 쓰고 혼자 자유롭게 사니 뭐든 할 수 있잖아….”

샤오루는 정작 자신에 대해서는 한마디도 하지 않고 온통 다른 사람 부럽다는 말만 늘어놓았다.

내가 물었다.

“그럼 내가 인생을 바꿔서 살자고 하면 그럴 수 있겠어?”

샤오루는 곧바로 고개를 저으며 말했다.

“그럴 순 없지. 나는 절대 너처럼 독립적으로는 못 살아. 넌 집안에 못질도 직접 하잖아. 난 그런 건 못한단 말이야.”

“그런데도 내가 부러워?”

내가 다시 물었다.

“그럼 린화하고 바꾸는 건 어때? 얼굴은 그다지 예쁘지 않지만 집에 돈이 많잖아. 그런데 너 그거 아니? 린화 얼마 전에 실연당해서 엄청 힘들어했잖아. 그리고 마리가 매일 팔자 좋게 운동이나 하고 미용실이나 다닌다고 했지? 그건 마리가 남편 마음 잡아두려고 얼마나 애쓰는지 몰라서 하는 말이야. 운동해서 몸매 가꾸고 머리치장 하는 것도 다 그래서야. 그런데 어쨌든 걔들은 걔들이고, 너는 너잖아. 설령 네가 정말로 누군가와 인생을 바꿔서 살고 싶다고 해도 정말로 그렇게 할 수는 없어. 다른 사람의 인생이 어떻든 그건 너하고 아무 상관도 없는 거야. 그러니까 부러워할 필요도 없겠지?”

샤오루가 듣기에 좋은 말은 아니지만 친구로서 이 말을 꼭 해주고 싶었다.

사람들은 남들을 부러워하면서 꼭 자기 자신과 비교하려고 한다. 그러다 보면 괜히 자기 인생이 초라해지고 여러 가지 원망이 들게 된다. '왜 나는 더 좋은 기회를 얻지 못하지?', '왜 나만 이렇게 힘들게 살고 있지?', '왜 나만 돈도 명예도 없는 거지?' 하고 말이다.

사실 어떤 의미에서 보면 이 세상에 태어난 것만으로도 행운이고, 건강하다면 더할 나위 없이 큰 행운을 누리고 있는 것이다. 당신이 어떤 사람이든 세상에는 분명 당신의 삶을 부러워하는 사람들이 있다. 당신의 건강을 부러워하고, 젊음을 부러워하고, 행복한 가정을 부러워하고, 안정적인 직장을 부러워하고, 바둑 잘 두는 것을 부러워하고, 글씨 잘 쓰는 것을 부러워하고, 심지어 당신의 백옥 같은 피부와 윤기 있는 머릿결, 하얀 치아까지 부러워하는 사람들도 있다.

세상은 어떤 면에서는 공평하다. 당신에게 억만금을 주는 대신 진실함과 선량함을 빼앗아갈 수도 있고, 뛰어난 능력을 주는 대신 젊음과 순수함을 빼앗아갈 수도 있다. 또 빼어난 미모를 주는 대신 지혜와 의지를, 성공을 주는 대신 건강과 행복을 빼앗아갈 수도 있다. 그러므로 다른 사람을 부러워하기보다 지금 당신 자신이 얼마나 많은 것을 가졌는지 깨닫고 오늘 하루를 소중히 여길 줄 알아야 한다. 오늘을 충실히 보냈다면 그 밖에는 아무것도 부러워할 필요가 없다.

그러니 지금부터라도 마음을 가라앉히고 진짜 당신의 모습으로 살아가도록 하자. 당신에게 주어진 소중한 시간을 다른 사람을 질투하고 부러워하는 일로 낭비할 수는 없다. 다른 사람을 부러워하는 것은 자기 자신을 초라하게 만들 뿐, 당신의 인생에 백해무익한 일이다.

그래도 만약 누군가 정말 부럽게 느껴진다면 마냥 부러워하지만 말고 그들이 어떻게 해서 당신의 부러움을 사는지, 그들의 장점은 무엇인지 연구해봐야 한다. 그렇게 하지 않을 바에는 다른 사람의 인생은 당신에게 아무런 의미도 없다는 것을 기억하자.

— 1 노자, 《도덕경》 22장 〈곡즉전(曲則全)〉 중

바꿀 수 있는 것은
오직 자기 자신의
마음가짐뿐!

"삶이 그대를 속일지라도 슬퍼하거나 노여워하지 말라. 슬픔의 날을 참고 견디면 기쁨의 날이 오리니…."

러시아의 시인 푸시킨이 쓴 시의 한 구절이다.

이 유명한 구절을 삶에서 실천할 수 있는 사람은 과연 몇 명이나 될까? 우리는 날씨를 바꾸거나 다른 사람의 생각을 마음대로 바꿀 수 있는 능력이 없다. 바꿀 수 있는 것은 오직 자기 자신의 마음가짐뿐이다. 기분이 좋다고 해서 해가 더 천천히 떨어지지도 않고, 기분이 우울하다고 해서 해가 더 빨리 떨어지지도 않는다. 하루 동안 주어지는 시간은 누구에게나 일정하다. 그러니 이왕 같은 시간이라면 그 시간을 즐겁게 보내는 것이 좋지 않겠는가!

그러나 사람은 감정의 지배를 받기 때문에 때때로 속상하고 우울해지기도 한다. 심지어 이런 감정이 오랫동안 지속되기도 한다. 물론 사람은 주변의 영향을 받으므로 감정의 변화를 겪을 수는 있다.

중국 북송시대의 정치가이자 문학가인 범중엄이 쓴 《악양루기》에는 이런 구절이 나온다.

"외부의 사물로 인해 기뻐하지 않고, 자기의 감정으로 인해 슬퍼하지 않는다."

이것은 사람이 도달할 수 있는 이상적인 경지다. 실제로 이러한 경지에 도달할 수 있는 사람은 찾아보기 힘들다. 하지만 그렇다고 해서 대부분의 사람들이 감정의 노예로 살아간다는 의미는 아니다. 비록 이상적인 경지에 완전히 도달할 수는 없더라도 계속 노력할 수는 있기 때문이다.

사실 인간은 적절한 방법과 기술을 터득하기만 하면 자신의 마음을 완전히 제어할 수 있다.

세계적으로 유명한 바이올리니스트 올레 불이 파리에서 공연을 하고 있을 때 갑자기 그가 연주하던 바이올린의 네 개 현중 A현이 끊어지는 사고가 발생했다. 그 모습에 관중은 물론 그곳에 있던 공연 관계자들 모두 깜짝 놀랐지만 올레 불은 침착하게 나머지 세 현만으로 연주를 마쳤다.

현이 하나 끊어졌지만 나머지 세 현으로 연주를 계속해나가는 것, 이것이 바로 인생이다. 우리는 이미 일어난 일이나 주변 환경을 바꿀 수는 없지만 마음가짐은 충분히 바꿀 수 있다. 인생이 늘 뜻대로 되는 것은 아니다. 그런데 그럴 때마다 현실을 받아들이지 못하고 세상을 원망하며 종일 우울하게 지낸다면 인생에 스스로 무릎을 꿇는 것이나 마찬가지다.

즐겁게 지내든, 우울하게 지내든 하루는 똑같이 지나간다.

그러니 이왕이면 즐겁게 지내는 게 어떨까! 마음이 즐겁고 행복해야 세상의 불공평함도 웃으면서 받아들일 수 있고 인생에 시련이 닥쳐도 그것을 대면할 용기가 생긴다. 지금 내가 처한 현실을 받아들일 수 있을 때 비로소 자신의 운명을 바꿀 기회를 얻을 수 있다.

샤오유와 리자는 대학 동창이다. 두 사람은 졸업 후 한 전자 비즈니스 회사에 함께 입사했다. 두 사람이 회사에서 처음 맡은 업무는 고객들의 이메일에 회신하는 일이었는데, 그 회사의 고객은 대부분 유럽 사람들이었기 때문에 영어로 답장을 보내야 했다. 회사에서는 대학을 갓 졸업한 신입사원들에게 서툰 영어로 메일을 보내게 하는 대신 매뉴얼을 만들어 대응하게 했다. 표준 서식을 만들어 각각의 상황에 맞는 내용을 찾아 붙여 넣게 한 것이다.

한동안 같은 일을 반복하다 보니 샤오유는 점점 싫증이 났다. 사실, 관련 내용을 찾아 복사해서 그대로 붙여 넣는 것은 초등학생도 할 수 있는 단순한 일이었다. 그녀는 매일 마지못해 일을 했고, 회사 생활은 전혀 즐겁지 않았다.

반면 리자는 매일 즐겁게 일했다. 그런 리자에게 샤오유가 물었다.

"리자, 너는 이 일이 지루하지 않니?"

리자가 대답했다.

"나도 처음에는 그렇게 생각했어. 그런데 고객들과 메일을 주고받으면서 표준 서식 이외의 질문에 직접 답변하기도 하고 안부도 묻고 하다 보니 재미있기도 해. 덕분에 영어 실력도 늘고 말이야. 그리고 고객들이 칭찬을 해줄 때마다 기분이 얼마나 좋은지 몰라!"

1년 뒤 샤오유는 여전히 같은 일을 하고 있었지만 리자는 고객 평가가 좋게 나와서 승진을 했다.

사실 샤오유와 리자는 전자 비즈니스를 전공했기 때문에 이 회사는 그들의 전공을 살리기에 적합한 곳이었다. 게다가 연봉도 많은 편이어서 두 사람 모두 회사를 옮길 생각이 전혀 없었다. 설령 다른 회사로 옮긴다 해도 하는 일은 크게 다르지 않을 터였다. 업무의 성격은 바꿀 수 없고, 바꿀 수 있는 것은 일하는 사람의 마음가짐밖에 없었던 것이다.

주어진 일은 같았지만 샤오유는 지루해하며 마지못해 일했고, 리자는 보람을 느끼며 즐거운 마음으로 일했다. 그래서 똑같이 입사했지만 샤오유보다 리자가 먼저 승진할 수 있었다. 같은 데서 시작했지만 마음가짐이 어땠느냐가 결국 두 사람을 달라지게 한 것이다.

아침에 즐거운 마음으로 출근한 날은 업무 효율도 높고 성과도 좋지만, 우울한 마음으로 출근한 날은 업무 효율도 낮고 성과도 미미하다. 사람의 행위는 어떤 마음가짐으로 임하는가에 따라 달라지기 때문이다. 그래서 같은 일을 하더라도 마음가짐에 따라 상반된 결과가 나타나기도 한다. 그러니 상황을 바꿀 수 없다면 마음가짐을 바꿔보는 것은 어떨까?

살다 보면 내 뜻대로 되지 않는 일들이 생각보다 많다. 그런데 이렇게 시련이 닥쳤을 때 원망하고 슬퍼하는 것은 일을 해결하는 데 아무런 도움이 되지 않을뿐더러 오히려 근심만 가중시킨다.

"고금의 재상, 장수 어디로 갔나? 무덤가에 거친 풀만 무성하네."[2]

"막걸리 한 동이 사이에 놓고 고금의 많은 사연들을 한바탕 웃음에 모두 날려 보내네."[3]

아무리 큰 시련도 인생 전체를 놓고 보면 사소한 일에 불과하다. 그러니 작은 일에 얽매어 괴로워할 필요 있을까?

살다 보면 때때로 힘들고 괴로운 일이 생기기도 하지만, 사실 그런 일들은 우리 힘으로 바꾸기 어렵다. 그러니 그것에 적응하려고 노력하는 것이 어쩌면 현명할지도 모른다.

사람이 성장하려면 먼저 인간관계 등 자신에게 주어진 환경에 적응해야 한다. 환경에 적응하지 못하고서 어떻게 발전을 논할 수 있겠는가!

예를 들어, 대학을 막 졸업한 사회 초년생들은 어떤 회사에 들어가든 가장 단순하고 기본적인 일부터 시작하게 된다. 이제 막 입사한 신입사원이 이런 상황을 바꿀 수 있을까? 그럴 수 없을 것이다. 이럴 때 신입사원이 할 수 있는 일은 마음가짐을 바꾸고 즐거운 마음으로 주어진 일을 하는 것뿐이다. 즐거운 마음으로 일을 하다 보면 무슨 일이든 더 잘할 수 있게 되고, 그러다 보면 기회가 저절로 찾아오게 마련이다.

어떤 사람은 처음부터 부잣집에서 태어나지만, 어떤 사람은 찢어지게 가난한 집에서 태어나기도 한다. 이처럼 출신과 환경은 스스로 선택할 수 있는 것이 아니다. 그러므로 하루빨리 마음가짐을 바꿔야 한다. 평범한 집안에서 태어난 사람도 열심히 노력하면 억만장자가 될 수 있다. 마음가짐을 바꾸면 주어진 환경에 적응하기가 쉬워지는데, 거기에 더해 열심히 노력하기까지 하면 성공에 한 걸음 가까이 다가갈 수 있게된다. 그런데 무엇을 망설이는가? 지금 당장 마음가짐을 바꿔보자. 당신이 바꿀 수 있는 것은 그것밖에 없으니 손해날 것은 없을 것이다.

— 2 《홍루몽》의 〈호료가(好了歌)〉 중
— 3 양신(楊愼), 〈강가의 신선(臨江仙)〉 중

인생의
가장 좋은 때는
바로
지금 이 순간이다

우리는 과거의 아름다운 추억은 소중하게 간직하면서도 과거에 얽매어서는 안 되고, 미래를 동경하면서도 현실을 직시할 수 있어야 한다. 이미 흘러가버린 시간은 돌이킬 수 없고 앞으로 다가올 미래는 불확실하기 때문에 우리에게 가장 큰 자산은 바로 현재다.

지금 아무것도 가진 것 없는 당신 자신과 다른 사람들과 맹목적으로 비교해서는 안 된다. 당신의 청춘과 열정은 인생에서 무엇보다 귀중한 자산이다. 그러니 그 귀중한 자산과 지금 이 순간을 무엇보다 소중하게 여겨야 한다.

현재를 소중하게 생각하면 진실함이 생기고, 과거의 고통과 이별할 수 있게 되며, 미래를 위한 기반을 쌓을 수 있다. 또 자신의 가치를 깨닫고 잠재 능력을 발휘할 수 있으며, 자신에게 부족한 점은 무엇인지, 앞으로 나아가야 할 방향은 어디인지 알 수 있다. 다시 말해 현재를 소중하게 생각한다는 것은 자기 자신을 소중하게 여기고 사랑한다는 의미이다.

리사는 얼마 전 미국으로 이민을 갔다. 중국에 살 때는 두 부부가 돈 걱정 없이 먹고살 만했지만 무리를 해서 이민을 간 터라 미국에서는 돈 쓰는 것이 조심스러웠다. 그녀는 살이 통통하게 오른 바닷가재가 먹고 싶었지만 선뜻 살 수가 없었다. 그렇다고 당장 생계가 어려울 만큼 돈이 없었던 건 아니다. 리사는 중국 생활을 정리하고 20만 달러(한화로 약 2억 2천만 원) 정도를 가지고 이민을 떠났다. 그러니 기껏 해야 한 마리에 십여 달러 정도 하는 바닷가재를 못 먹을 정도의 형편은 아니었다. 하지만 그녀는 남편이 일자리를 구해 안정적으로 돈을 벌 때까지 참기로 했다. 그 당시 리사의 가장 큰 소원은 남편이 하루빨리 좋은 직장을 구하는 것이었다.

하지만 어디 세상일이 뜻대로 되던가! 리사의 남편은 중국에서 받은 학위와 그동안 쌓아온 경력을 미국에서 인정받지 못해 한동안 일자리를 찾지 못했다. 부부는 하는 수 없이 파트타임 아르바이트로 돈을 벌어야 했다. 그녀는 종종 바닷가재를 한 마리만 살까 생각도 했지만 이내 그 돈이면 두 사람이 실컷 먹을 만큼의 고기를 살 수 있다는 생각에 다음을 기약하곤 했다.

꽤 많은 시간이 지나고 나서야 리사의 남편은 일자리를 구할 수 있었다. 그 무렵 리사는 이와 잇몸에 통증을 느끼기 시작했다. 미국에 온 뒤로 제대로 음식을 챙겨 먹지 못해 영양 부족으로 생긴 염증 때문인 것 같았다. 당시 리사는 미국에서

의료보험 혜택을 받을 수 없었기 때문에 치과 치료를 받으려면 비싼 치료비를 감당해야 할 처지였다. 신경치료까지 받으려면 많은 비용이 들 거라고 판단한 리사는 중국에 가서 치료를 받기로 했다.

그녀는 중국에 가기 전에 그동안 먹고 싶었던 바닷가재 한 마리를 사서 정성스럽게 요리했다. 하지만 그토록 먹고 싶었던 바닷가재를 입에 한입 넣었을 때 그녀는 이가 너무 아파서 제대로 맛을 느낄 수가 없었다.

얼마 후 리사는 중국에서 무사히 치료를 받고 다시 뉴욕으로 돌아왔다. 그러나 그녀는 더 이상 바닷가재가 먹고 싶지 않았다. 남편이 회사에서 승진을 하고 경제적으로 여유가 생기면서 이제 그녀는 먹고 싶은 것은 무엇이든 사 먹을 수 있는 형편이 되었지만 예전처럼 바닷가재를 사 먹고 싶다는 생각은 더 이상 들지 않았다.

혹시 지금 당신도 돈이 아까워서 정말로 하고 싶은 일을 지나치고 있지는 않은가? 맛집에 가서 맛있는 음식을 먹고 싶지만 돈이 아까워 사진을 보면서 침만 흘리고 있지는 않은가? 마음에 드는 옷을 사고 싶지만 돈이 아까워 사지 못하고 하루 종일 의기소침하게 있었던 적은 없는가? 1년에 한 번은 휴가를 내서 가족들과 여행을 떠나고 싶었다가도 교통비, 숙박비, 식비, 입장료 등을 따지다가 결국 떠날 엄두를 못 내고 한숨만 쉬었던 적은 없는가?

그렇다고 사치스럽게 살라는 말은 아니다. 자기 분수에 맞지 않게 돈을 쓰면 결국 패가망신하고 돈의 노예가 될 뿐이다.

한편, 돈은 아낌없이 쓰지만 시간을 제대로 활용하지 못하는 사람들도 있다. 종일 얼굴을 찌푸리고 신세 한탄을 하거나 내일 일을 걱정하는 사람들이다. 그들은 언젠가 좋은 직장에 들어가고 좋은 집과 차도 생기겠지만, 한번 지나간 젊은 날은 다시 돌아오지 않는다.

현재를 제대로 누리지 못하면 인생에서 영원히 행복을 느낄 수 없다. 사람들은 많은 시간을 미래를 준비하는 데 사용하지만 미래가 어떤 모습일지 정확하게 예측할 수 있는 사람은 없다. 게다가 미래란 어제와 오늘이 모여 만들어지는 것 아닌가! 오늘 하루를 즐겁고 행복하게 보내야만 미래에도 즐겁고 행복할 수 있는 것이다.

그러므로 현재를 소중하게 여기고 자기 자신을 아끼며 스스로에게 너무 인색하거나 가혹하지 않아야 한다. 먹고 싶은 것이 있으면 마음껏 맛보고, 하고 싶은 일이 있으면 용기 있게 도전해보자. 시간이 많아질 때까지, 돈이 다 모일 때까지 기다리지 말자. 그때가 되면 아무리 맛있는 음식이 눈앞에 있어도 씹지 못하고, 하고 싶은 일이 있어도 기력이 없어 걸음을 떼지 못하게 될지도 모를 일이다.

현재를 소중하게 여기지 않으면 인생의 아름다운 순간들을 너무 많이 놓치게 된다. 세월은 하루하루를 집어삼키며 우리를 내일로 떠밀고, 한번 놓친 순간은 영원히 돌아오지 않는다. 지금 이 순간을 소중히 여겨야 진정한 행복을 누릴 수 있는 것이다.

자신의 불을

밝히기 위해

다른 사람의 불을

꺼뜨리지 말라

내 사촌 동생은 대학을 졸업한 후 한 중견기업에 인턴사원으로 들어갔다. 그 회사에는 동생 외에도 남자 직원 한 명과 여자 직원 한 명이 같은 시기에 함께 입사했다. 그중 남자 동료는 그럭저럭 괜찮았는데 여자 동료는 성격이 조금 유별났다. 동생은 그래도 같은 인턴사원이니 웬만하면 좋은 관계를 유지하려고 애썼고, 마음에 들지 않는 점이 있어도 참고 넘어가곤 했다.

그러던 어느 날 그 여자 동료가 동생에게 부탁을 하나 했다.

"부탁 하나만 들어줄래? 내일 고향에서 우리 엄마가 나를 보러 오실 거거든. 오전 비행기로 도착하실 건데, 내가 내일까지 마쳐야 할 일을 아직 다 못 끝내서 말이야. 보니까 너는 워낙 일하는 속도가 빨라서 벌써 다 끝냈을 것 같은데, 혹시 내일 오전에 별일 없으면 우리 엄마 마중 좀 대신 나가줄 수 있니? 사실 나는 여기 지리도 잘 모르고, 아는 사람도 없어서 말이야. 부탁 좀 할게!"

동생이 선뜻 대답하지 못하자 그녀가 다시 말했다.

"걱정 마. 위에서 누가 물어보면 잠깐 고객 만나러 나갔다고 할게. 이번 한 번만 부탁할게."

동생은 나중에 정식 직원이 되면 오랫동안 함께 일하게 될 수도 있는 동료의 부탁이라 매몰차게 거절할 수 없어 부탁을 들어주겠다고 대답했다.

다음 날 아침 동생은 버스를 타고 2시간이나 걸려서 공항에 도착했다. 그런데 공항에 도착할 무렵 그 여자 동료에게서 전화가 왔다.

"정말 미안한데, 엄마가 갑자기 일이 생겨서 못 오신다고 하네. 네가 그렇게 일찍 공항에 갔을 줄은 몰랐어."

동생은 화가 치밀어 올랐지만 상대방이 연신 사과를 하고, 또 동료 사이에 괜한 불화를 만들기 싫어서 꾹 참았다.

회사에 돌아와 보니 동료들이 오전에 사장님이 업무 점검 차 다녀갔다는 소식을 전해줬다. 사장님은 동생과 또 다른 남자 인턴이 자리를 비운 것을 보고는 언짢아하며 돌아갔다고 했다.

한 직원이 동생에게 물었다.

"오전에 반차 내고 친척 마중 나갔었다면서요? 정말 운이 없네요. 왜 하필 이런 날 자리를 비웠어요?"

그제야 동생은 깨달았다. 그 여직원이 계획적으로 두 사람을 곤경에 빠트렸다는 것을! 동생은 자신처럼 봉변을 당한 남자 인턴사원과 함께 그녀를 찾아가 따져볼까 생각하다가 참고 넘어가기로 했다. 자신은 잘못한 일이 없으니 사람들에게 애써 변명할 필요 없을 것 같았다.

그 일 이후로 동생은 그 여직원을 멀리하기 시작했다. 그건 남자 인턴사원도 마찬가지였다. 말하지 않아도 사람들은 그들 사이에 무슨 일이 있었는지 대충 알고 있는 것 같았다.

나중에 인턴 기간이 끝나고 동생과 남자 인턴사원은 정식 직원으로 채용되었지만 두 사람을 곤경에 빠트렸던 그 여직원은 채용되지 않았다. 이것은 결코 우연한 결과가 아니었다. 그 여직원은 잠시 두 사람보다 우월했었는지 모르지만 시간이 지나면서 결국 그 사람의 진짜 모습이 다른 사람들 눈에도 보였던 것이다.

세상에는 수단과 방법을 가리지 않고 다른 사람을 음해하고 괴롭히는 사람들이 있다. 거기에 얼마나 많은 시간을 투자하고 마음을 쓰는지, 그 노력이 가상할 정도다. 차라리 그 시간을 자기 자신을 위해 쓴다면 훨씬 더 많은 성과를 낼 수 있을 텐데. 하지만 그들은 절대 그러려고 하지 않는다.

안타깝게도 잘못된 곳에 힘을 낭비하고 있는 그들을 보면 미움이나 증오 대신 동정심마저 들 정도다. 그런 사람들에게 당신의 소중한 시간과 감정을 소모할 필요가 있을까?

나는 평소 다른 사람들에게 상당히 관대한 편이지만 사촌 동생과 같이 일했던 그 여직원 같은 사람을 보면 정말 화가 난다. 스스로 노력해서 성취하려고 하지 않고 남을 짓밟을 생각만 하는 사람은 비열하고 비뚤어진 가치관을 가진 사람이다.

　나도 한때 세상 경험이 적고 사람을 쉽게 믿는 성격 탓에 나를 짓밟고 올라서려는 사람들을 많이 겪어봤다. 그런 일을 겪을 때마다 나는 강한 인내심을 발휘하며, 앞으로는 그런 사람들을 절대 상대하지 않겠노라고 굳게 다짐하며 스스로를 위로했었다.

　사람은 세월이 흐르면서 점점 더 영리해지고, 그동안의 경험과 상처를 통해 자기만의 방어 기술도 쌓게 된다. 시간이 지나면서 나도 세상사에 눈을 떴지만, 지금이라고 해서 두렵지 않은 것은 아니다. 다만 이제는 너무 쉽게 누군가에게 휘둘리지 않을 만큼은 단단해졌다.

　하지만 우리가 아무리 성숙해진다 한들 세상에는 여전히 교활하고 험악한 본성을 자랑하는 사람들이 있기 마련이다. 그런 사람을 만났다고 해서 자신이 운 나쁜 사람이라고 자학하거나 억울해할 필요 없다. 살다 보면 누구나 그런 인간쓰레기를 한두 명쯤은 만나게 되니 말이다.

　사실 그들은 그런 식으로 자신의 초라함을 드러내는 것이다. 원래 자존감이 낮고 능력이 부족한 사람들이 시기, 질투 등 부정적인 감정으로 다른 사람을 짓밟고 괴롭히는 것이다. 그러니 그런 사람을 만나면 화내지 말고 냉정하고 침착하게 대응해야 한다.

　다른 사람을 밟고 위로 올라가려는 사람들은 그런 행위가 나쁘고 부끄러운 일인 줄 알면서도 그만두지 못한다. 그 이유는 무엇일까? 아마도 자신의 이익을 위해서일 것이다. 그러나 그들은 고작 눈앞의 이익만 생각할 뿐, 장기적인 이익에 대해서는 생각하지 못한다. 인생은 길고 긴 마라톤과 같다. 매번 이 직장 저 직장으로 옮겨 다닐 수도 없고, 어차피 사람들과 교류하다 보면 서로의 성품이 다 드러나게 돼 있다. 눈앞의 성공과 이익에만 급급해서 수단과 방법을 가리지 않는 사람들은 멀리 봤을 때 결국 좋은 결과를 얻지 못한다.

그러므로 그런 사람들을 부러워할 필요도 없고, 더욱이 그들의 얕은 수를 따라할 필요도 없다. 자신의 자유를 증명하기 위해 다른 사람을 속박해서는 안 되고, 자신의 총명함을 증명하기 위해 다른 사람의 어리석음을 지적해서도 안 되며, 자신의 빛을 밝히기 위해 다른 사람의 등을 꺼트려서도 안 된다.

대자연에서도 각자 상대할 적수가 있어야 생태계의 균형이 이루어진다. 만약 적수를 계속 사지로 몰아넣으면 결국에는 자기 자신도 결코 안전하지 못하게 된다. 전등 속 여러 개의 전구 중 하나만 남고 나머지가 모두 수명이 다해 꺼지면 사람들은 남은 하나의 전구가 아무리 밝게 빛난다 해도 그 전구 하나를 살리려 하기보다 전등 전체를 새로 바꾸려고 할지 모른다.

우리는 늘 다른 사람들의 선택을 받는 위치에 놓여 있다. 직장 상사로부터, 고객으로부터, 시장 경쟁 속에서…. 이때 선택을 받기 위해서는 남들이 비교할 수 있는 환경을 만들어야 한다. 비교할 경쟁 상대가 없으면 아무리 뛰어난 능력을 가지고 있어도 잘 부각되지 않기 때문이다.

또 한 가지 중요한 사실은 만약 주변에 경쟁 상대가 없다면 나쁜 마음을 먹은 투기꾼들이 당신에게 몰려들 수도 있다. 그리고 나중에 더 큰 경쟁 상대를 만나게 될지도 모른다. 그러니 지금 자신과 경쟁하는 사람들을 무조건 밀어내려고 하지 말고 공정한 경쟁을 통해 자기 자신을 부각시키기 위해 노력해야 한다.

가면을 벗으면
인생이
자유로워진다

주변을 가만히 살펴보면 많은 사람들이 자신의 진짜 모습을 가면 뒤에 숨긴 채 살아가고 있는 것을 발견할 수 있다. 고통스러운 순간에도 억지로 웃음 짓고, 실패 앞에서 담담하게 보이려고 애쓰며, 승리를 거머쥔 다음에도 마음껏 기뻐하지 못한다. 생각만 해도 피곤하지 않은가?

그런데 사람들은 왜 이렇게 피곤하게 살아가는 걸까? 그건 모두 다른 사람들의 눈에 비친 자신의 모습에 연연하기 때문이다. 사람들은 자신의 진짜 모습을 가리기 위해 좋아하지도, 익숙하지도 않은 것들을 배우고 끊임없이 새로운 가면을 만들어가면서 피곤하고 껍데기뿐인 삶을 살아간다.

가면을 쓰고 있으면 사람이 더 신중하고 진지하게 변하며, 자신의 솔직한 모습이나 감정은 잘 드러나지 않는다. 다른 사람들의 눈에 자신이 바라는 모습으로 비춰지길 바라기 때문에 SNS에 올리는 사진들처럼 잔뜩 꾸며진 모습으로 살아가게 되는 것이다.

이렇게 사는 것이 과연 즐거울까? 때로는 그럴 수도 있다. 한껏 꾸민 모습으로 미약하나마 성취감도 느끼고 허영심도 채울 수 있을 때는 말이다. 하지만 대부분의 순간은 마음이 지치고 피곤할 뿐이다. 이렇게 사는 것이 당신이 정말로 원하는 삶인가?

만약 그렇지 않다면 지금 당장 가면을 벗어던지고 진짜 자신의 모습으로 살아보자. 사람은 지나치게 억압하고 가식적으로 행동하면 심리적으로 건강할 수가 없다.

칼이 하루는 스티븐에게 농담조로 말했다.

"스티븐, 만약 내가 네 집에 새장을 사다 놓으면 너는 분명 그 새장에 새를 사다 넣게 될 거야."

그러자 스티븐이 말했다.

"에이, 새 키우는 게 얼마나 귀찮은 일인데. 난 절대 그런 바보 같은 짓은 안 해."

스티븐의 확신에 찬 말을 듣더니 칼은 정말로 새장을 사러 갔다. 칼은 가게에서 가장 예쁜 새장을 하나 골라서 스티븐에게 주며 집에서 가장 눈에 띄는 곳에 걸어 놓게 했다. 그 후 스티븐의 집에 놀러오는 친구들은 하나같이 빈 새장을 보면서 그에게 '예전에 새를 키웠느냐', '지금은 죽고 없냐', '왜 죽었냐' 등의 질문을 던졌다.

스티븐은 그때마다 새를 키운 적이 없다고 설명했지만, 그 대답을 들은 친구들은 더 궁금한 표정으로 물었다.

"새도 안 키우는데 새장은 왜 있는 거야? 더구나 이렇게 예쁜 새장을 가지고 있으니 더 궁금해."

친구들은 마치 스티븐에게 무슨 문제라도 있는 것처럼 호기심 어린 눈빛으로 쳐다봤다. 이런 일이 계속 반복되자 스티븐도 괜히 자신에게 무슨 문제가 있는 건 아닌가 생각하게 되었다. 친구들의 계속되는 질문 공세에 스티븐은 지쳐갔고, 결국 예쁜 새 한 마리를 사서 새장에 넣었다. 새를 키우고 싶은 마음이 조금도 없었지만 말이다.

스티븐처럼 사람들은 하고 싶지 않은 일이지만 다른 사람의 말 때문에 어쩔 수 없이 하게 되는 경우가 많다.

'과연 나는 다른 사람들의 영향을 얼마나 받을까?', '나는 나 자신을 굳게 믿을 수 있을까?'

이것은 결코 쉬운 문제가 아니다. 다른 사람의 부정적인 생각과 말들로부터 자유로워지기 위해서는 엄청난 용기가 필요하기 때문이다. 다른 사람을 신경 쓰지 않고 자신의 방식대로 살다 보면 당연히 이런저런 마찰도 생기고 귀찮은 일도 생긴다. 하지만 이 모든 것을 이겨낼 때 우리는 인생의 진짜 주인이 될 수 있다.

친구와 함께 옷을 사러 갔다가 자기가 마음에 들어 하는 옷을 친구가 이상하다고 말하면 대부분의 사람들은 그 옷을 사지 않는다. 다른 사람들 눈에 이상하게 보이는 옷은 입고 싶지 않기 때문이다. 그리고 다른 사람들의 말처럼 자신도 그 옷이 정말로 이상하다고 믿게 된다.

가면을 벗고
진짜 내 모습으로 살아가는 법

옷을 고를 때뿐만 아니라 직장 문제나 연애 문제 등에 있어서도 이와 같은 오류를 범할 때가 많다. 자신이 원하는 것이 무엇인지 충분히 생각하지 않은 채 다른 사람들이 좋아하는 방식대로 살아가는 것이다. 이렇게 행동하면 무난하고 착한 사람이라는 인상을 줄 수 있을지 모른다. 그러나 한 번뿐인 인생인데, 자기 자신을 위해 살아야 하지 않을까! 진짜 자신의 모습으로 살아갈 때 비로소 자기 안에 잠재되어 있는 능력을 발휘할 수 있고 부끄럽지 않은 인생을 살 수 있게 된다.

이처럼 사람들이 가면을 쓰는 것은 다른 사람들에게 잘 보이기 위해서이기도 하지만 자기 자신을 속이기 위해서이기도 하다. 우리는 종종 달콤한 백일몽에 빠져 현실과는 다른 삶을 살아가는 자신의 모습을 상상하곤 한다. 그 세계에서 나는 누구보다 아름답고 몸매도 좋으며, 나를 사랑해주는 사람이 아니라 내가 정말로 사랑하는 사람과 결혼하고, 사업적으로도 승승장구한다. 그런데 이런 달콤한 상상은 사람들로 하여금 비현실적인 꿈을 꾸게 만든다.

꿈을 갖는 것은 좋은 일이지만 꿈이 클수록 현실은 더욱 잔혹하게 느껴지게 된다. 인생은 편도 여정이기 때문에 한번 지나간 일들은 다시 되돌릴 수 없는 역사가 된다. 우리가 받아들이고 싶은 것이든 받아들이고 싶지 않은 것이든 이미 인생의 일부가 되고, 지나간 일은 털끝만큼도 바꿀 수 없다. 그러므로 이러한 현실을 받아들이고 진실한 모습으로 살아가야 한다.

우리는 자기 자신을 위해 살아야 하고, 영혼 깊은 곳에서 들려오는 진실한 목소리에 귀 기울여야 한다. 살면서 스스로를 지나치게 억압하고 단련시키다 보면 결국 자신의 진짜 모습을 잃게 된다. 웃어야 할 때 웃지 못하고, 목소리를 내야 할 때 목소리를 내지 못하면서 세상이 정해놓은 틀과 기준에 순응하다 보면 어느새 이런 생각이 들게 된다.

'이게 내 진짜 모습일까?'

물론 그때의 당신은 진짜 당신이 아니다. 진짜 자기의 모습으로 살아가기 위해서는 먼저 자신의 주인이 되어야 한다. 세상이라는 무대에서 항상 주인공이 될 수는 없지만 내 인생에서만큼은 내가 주인공이다.

영국의 영화배우 엠마 톰슨은 영화 〈센스 앤 센서빌리티〉에 출연하면서 직접 각본 각색에 참여해 아카데미 시상식에서 각본상을 수상했다. 그녀는 수상 소감을 발표하는 자리에서 '자신은 하기 싫은 일을 스스로에게 강요한 적이 없으며, 가능한 한 자연스러운 모습으로 살아가기 위해 노력한다'고 말했다.

"어렸을 때부터 부모님은 제가 하는 모든 말과 행동을 응원하고 지지해주셨어요. 그 덕분에 저는 자신감을 키울 수 있었고 이 세상에서 제가 해야 할 일이 무엇인지 알게 됐죠."

엠마 톰슨의 말처럼 자신감 있는 사람만이 진실한 모습으로 살아갈 수 있다. 자신감이 넘치는 사람은 그 누구도 거부할 수 없는 매력이 있고, 이러한 매력은 오직 그의 자신감에서 나온다.

자신감이 있으면 무슨 일이든 마음먹은 대로 순조롭게 이루어진다. 반면 자신의 본질을 숨기려고 하는 사람은 자신감이 부족하고 자신에 대한 믿음이 없는 사람이다. 이런 사람은 어떤 일을 해도 완벽하게 해낼 수 없다.

　세상의 많은 사람들이 가면을 쓰고 살아가는데, 너무 오랜 시간 그렇게 살아가면 나중에는 가면을 얼굴에서 벗을 수 없게 되고, 진짜 내 모습이 어땠는지 조차 잊어버리게 된다. 그러니 가면을 벗어던지고 진짜 내 모습으로 살아가자. 그렇게 살아가는 인생이야말로 진짜 자기 것이라고 말할 수 있을 것이다.

고통은
적게 가져서가 아니라
많이 가지려 하기 때문에
생긴다

베이커는 영국 웨일스와 잉글랜드 사이에 흐르는 디강 강변
에 있는 한 방앗간의 주인이다. 사람들은 베이커를 잉글랜드
에서 가장 행복한 남자라 불렀다. 그는 매일 아침부터 저녁까
지 힘들게 일하면서도 늘 밝은 표정으로 노래를 흥얼거렸다.
그의 밝고 긍정적인 태도는 주변 사람들까지 즐겁게 만들었
다. 디강 일대에 사는 사람들 중에는 베이커를 모르는 사람이
없었고, 어느새 그의 이야기는 국왕의 귀에까지 들어가게 되
었다.

　국왕이 말했다.

　"내가 그 방앗간 주인을 한번 만나봐야겠다."

　국왕이 방앗간으로 들어섰을 때 베이커의 노랫소리가 들려
왔다.

　"내 인생은 누구보다 행복하지. 난 그 누구도 부럽지 않네."

　국왕이 베이커에게 말했다.

"나는 자네가 부럽네. 자네처럼 아무 근심 없이 즐겁게 살 수만 있다면 당장이라도 자네와 인생을 바꿀 것이네."

그러자 베이커가 웃으며 말했다.

"저는 결코 폐하와 인생을 바꾸고 싶지 않습니다."

"그럼 내게 알려다오. 나는 한 나라의 국왕인데도 매일 근심 걱정으로 괴로운데 자네는 어찌 이 작은 방앗간에서도 그리 즐거워할 수 있단 말인가?"

베이커가 말했다.

"저는 폐하께서 왜 근심하시는지 그 이유를 알지 못합니다. 하지만 제가 늘 즐거운 이유는 말씀드릴 수 있습니다. 저는 제 힘으로 먹고살고 있고, 사랑하는 아내와 아이들 그리고 친구들이 있습니다. 제가 그들을 사랑하는 것처럼 그들도 저를 사랑합니다. 그리고 저 멋진 디강이 방앗간에서 곡식을 찧을 수 있게 도와주고 저희를 먹여 살려주니 더 바랄 게 있겠습니까?"

국왕이 말했다.

"그래. 더 이야기하지 않아도 된다. 네 인생이 참으로 부럽구나. 자네가 쓰고 있는 그 낡은 천 모자가 내가 쓰고 있는 화려한 왕관보다 훨씬 값지고, 방앗간이 자네에게 준 것이 왕궁이 내게 준 것보다 훨씬 많구나. 자네 같은 사람들이 더 많아지면 정말 살기 좋은 세상이 될 걸세."

정말 방앗간 주인이 국왕보다 행복할 수 있을까? 아마 많은 사람들이 그렇지 않다고 생각할 것이다. 한 나라의 왕이 되면 얼마나 좋은 점이 많겠는가! 모든 사람들이 당신이 명령하는 대로 따를 테니 말이다.

물론 이런 생각을 하는 것은 지극히 정상적이다. 그러나 우리가 행복하지 못하고 내면의 평온함을 찾지 못하는 이유는 바로 이런 생각 때문이다. 사실 행복은 물질과 아무런 관련이 없다. 우리는 살면서 너무 많은 것을 손에 쥐려고 한다. 하지만 그러면 그럴수록 인생은 혼란스러워지게 된다.

생각해보라. 우리는 매일 기본적인 의식주를 해결하는 것 외에 더 많은 돈을 벌어 허영심을 채우고 존재감을 드러내고자 한다. 또 좋은 직장을 구해 승진도 해야 하고, 일상생활 속 자질구레한 일들도 처리해야 하며, 불쑥 찾아오는 각종 질병과도 싸워야 한다. 그런데 이때 바라는 게 더 많아지면 고민도 많아지고 삶이 고달파지기 시작한다.

하버드대학교에서 사람의 심리와 관련해 흥미로운 실험을 진행한 적이 있다. 실험자가 실험 대상자에게 전화를 걸어 물었다.

"지금 무엇을 하고 있습니까?"

"회사에서 일하고 있습니다."

"지금 기분이 어떻습니까?"

"지겹고 따분해요."

"그럼 당신은 무엇을 하고 싶습니까?"

"2시간 후면 퇴근인데, 퇴근 후 동료와 함께 술을 마시러 가고 싶습니다."

2시간 후 실험자가 다시 실험 대상자에게 전화를 걸었다.

"지금은 무엇을 하고 있습니까?"

"동료와 술을 마시고 있습니다."

"지금 기분이 어떻습니까?"

"동료의 이야기를 듣고 있었는데, 지루하고 따분하네요. 여자친구를 만나러 가야겠어요."

1시간 뒤 실험자가 다시 실험 대상자에게 전화를 걸었다.

"여자친구와 함께 있으니 행복한가요?"

"말도 마세요. 조금 전에 직장에서 함께 일하는 여자 동료가 전화를 걸어와서 업무와 관련된 얘기를 나눴는데, 여자친구가 바람피우는 거 아니냐고 계속 의심해서 너무 피곤해요. 집에 가서 쉬고 싶어요."

밤늦게 실험자가 실험 대상자에게 전화를 걸었다. 이번에는 실험자가 묻기도 전에 실험 대상자가 먼저 말을 꺼냈다.

"집에서 쉬는 것도 재미가 없네요. 잡지도 보고 영화도 봤는데 좀 외롭다는 생각이 들어요."

"그럼 지금은 무엇을 하고 싶은가요?"

"출근해서 일하고 싶어요. 그래도 회사에 있으면 사람들이랑 얘기도 나누고 심심하지는 않거든요."

혹시 당신의 인생도 이런 모습이 아닐까?

행복은 돈, 사랑, 명예로 얻을 수 있는 것이 아니다. 또 모든 것을 내 마음대로 좌지우지할 수 있다고 해서 반드시 행복한 것도 아니다. 행복은 굉장히 신비로운 것이다.

일상의 모든 것에 감사할 줄 알아야 제대로 누릴 수 있고, 제대로 누릴 수 있어야 행복할 수 있다. 하지만 행복을 지나치게 강조하다 보면 도리어 모든 것에 흥미를 잃게 될 수도 있다. 인생의 모든 일이 완벽할 수는 없다. 중요한 것은 우리가 완벽하지 않은 그 일상을 어떻게 바라보는가 하는 것이다.

만약 지금 당신의 삶이 만족스럽지 않다면 먼저 당신 자신을 돌아보길 바란다. 당신이 가진 능력은 한참 떨어지는데 더 높은 자리만 탐하지는 않았는지, 늘 더 많은 것을 가진 사람과 비교하면서 살지는 않았는지 말이다.

마음이 평온하지 않으면 인생은 저절로 고달파진다. 사람은 누구나 살면서 이런저런 실패를 경험한다. 그것은 지극히 정상적인 일이고 인생에는 원래 희로애락이 모두 존재하게 마련이다. 고통과 슬픔은 줄이고 즐겁고 행복하게 살기 위해 우리가 할 수 있는 일은 너무 많은 것을 가지려 하지 않는 것이다. 인생이 괴로운 것은 적게 가져서가 아니라 너무 많이 가지려고 욕심을 부리기 때문이다.

자기 자신뿐만 아니라 주변 사람들에게도 너무 많은 것을 요구하는 사람들이 있다. 그들은 이러한 요구에 만족스러운 답을 얻지 못하면 고통의 늪에 빠져 쉽게 헤어나오지 못한다. 하지만 지금 자신에게 주어진 것들에 감사하고 만족할 줄 아는 마음을 가진 사람들은 언제든 평온한 마음을 유지할 수 있다.

예를 들어, 키가 작고 왜소하거나 뚱뚱한 사람들은 모델이나 경호원은 되기 힘들 것이다. 하지만 이 세상에는 신체 조건과 상관없이 할 수 있는 일이 훨씬 많다. 긍정적인 마음이 있다면 자신이 가진 단점을 인생의 동력으로 바꿀 수 있다. 그리고 그렇게 할 수만 있다면 단점은 더 이상 걸림돌이 아니라 디딤돌이 되어 인생을 더 나은 방향으로 이끌어주게 될 것이다.

모든 것을
가지려 하는 사람은
결국
아무것도 갖지 못한다

원숭이는 워낙 민첩하고 영리해 쉽게 잡을 수 없는 동물로 알려져 있다. 그런데 아프리카의 한 부족 사이에서는 원숭이를 아주 쉽게 잡을 수 있는 독특한 방법이 전해 내려온다고 한다.

그 방법은 아주 간단하다. 바위에 작은 구멍을 뚫고 그 안에 원숭이들이 좋아하는 땅콩을 가득 넣어두면 된다. 냄새를 맡고 찾아온 원숭이들은 구멍 속에 손을 넣고 땅콩을 집은 다음 손을 빼려고 하는데, 땅콩을 잔뜩 움켜쥔 상태로는 어떻게 해도 손을 빼낼 수가 없다. 사냥꾼들은 이렇게 땅콩을 포기하지 못하는 원숭이들이 구멍 속에 손을 넣고 옴짝달싹 못하고 있을 때 잽싸게 원숭이들을 잡는다.

우리는 살면서 이 원숭이들처럼 가능한 한 많은 것을 손에 쥐고 있으려 할 때가 많다. 어떤 꿈은 절대 이룰 수 없다는 것을 알면서도, 어떤 문제는 답을 구하지 못할 거라는 사실을 알면서도, 어떤 사람은 영원히 가까이할 수 없다는 걸 알면서도 차마 포기하지 못하고 괴로워한다.

그러나 모든 것을 다 가지려고 하면 결국 아무것도 얻지 못한다. 인생은 영원하지 않고 사람의 능력에도 한계가 있다. 그리고 저마다 살아가는 환경이 다르고, 능력에도 차이가 있다. 우리는 이러한 차이를 감안해 인생에서 어떤 것을 취하고 어떤 것을 버릴지 결정해야 한다. 취해야 할 것은 망설이지 말고 앞으로 나아가고, 버려야 할 것은 미련을 두지 말고 과감히 떨쳐버려야 한다. 그렇게 하지 않으면 그 어떤 것도 제대로 이루지 못한 채 아쉬움과 후회만 남게 될 것이다.

예전에 이런 이야기를 읽은 적이 있다.

늦여름과 초가을 사이, 감이 주렁주렁 열린 감나무 한 그루가 바람에 허리가 꺾여 부러져버렸다. 바람의 세기로 따지면 겨울바람이 훨씬 더 세찬데, 어째서 겨울에도 멀쩡했던 나무가 부러져버린 걸까? 감나무 주인의 말로는 초가을 무렵 감나무에 열매가 가장 많이 달리기 때문이라고 한다. 가을에 가장 알차게 익는 열매의 무게를 이기지 못한 것이다. 반면 늦가을 혹은 겨울에는 잎과 열매가 모두 떨어져 나무의 생명도 고요하고 단순해진다. 그래서 한겨울의 세찬 바람과 눈으로 인한 습기도 담담하게 이겨낼 수 있는 것이다.

행복은 멀리 있는 것이 아니다. 다만 우리가 인생에서 너무 많은 욕망을 품고 살다 보니 가까이에 있는 단순한 행복을 보지 못하는 것뿐이다.

사람들은 돈, 명예, 지위, 사랑 등을 좇는 과정에서 자신의 진짜 모습을 잃어버리게 되고, 그러다 보면 점점 인생이 고달

프다고 느낀다. 사람의 능력과 시간은 제한적인데 너무 많은 것을 손에 넣으려고 하다 보면 그 어떤 것에도 최선을 다하지 못하게 되고 여기저기 두서없이 손을 대게 된다. 이렇게 해서 과연 무슨 결과를 얻을 수 있을까? 그러니 행복한 인생을 위해서는 반드시 취사선택을 해야 한다.

한 청년이 대학을 졸업하고 패기 넘치게 인생의 목표들을 세웠다. 하지만 그 후 몇 년 동안 그는 그중 단 하나도 이루지 못했다. 마음이 답답했던 청년은 현자를 찾아가 자신의 고민을 털어놓았다.

청년이 현자를 찾아갔을 때 그는 강변에 있는 작은 집에서 책을 읽고 있었다. 현자는 청년의 이야기를 듣더니 이렇게 말했다.

"날 위해 물을 끓여줄 수 있겠나?"

청년은 그러겠다고 대답하고 집안을 둘러봤다. 집 한쪽에 커다란 주전자가 놓여 있고 그 옆에 작은 아궁이가 있었다. 그런데 불을 지필 땔감이 없었다. 청년은 밖으로 나가 마른 나뭇가지들을 주워왔다. 그리고 주전자에 물을 가득 담은 후 아궁이에 주전자를 올리고 나뭇가지를 쌓은 다음 불을 붙였다. 하지만 주전자의 물이 미처 끓기도 전에 땔감이 바닥났다. 청년은 다시 땔감을 구하러 밖으로 나갔다. 그런데 땔감을 충분히 구해 돌아왔을 때 주전자의 물은 이미 차갑게 식어 있었다. 청년은 잠깐 생각한 후 불을 바로 붙이지 않고 다시 밖으로 나가 땔감을 더 많이 구해왔다. 땔감이 충분하면 물이 금방 끓어오를 거라고 생각한 것이다. 그때 현자가 청년에게 물었다.

"만약 땔감이 충분치 않다면 어떻게 물을 끓이겠느냐?"

청년은 한참을 생각하다가 결국 고개를 저었다.

현자가 말했다.

"그럴 때는 주전자의 물을 덜어내면 되지 않겠느냐!"

청년은 그제야 고개를 끄덕였다.

"자네는 처음부터 너무 큰 목표를 세운 것이 문제였네. 이 주전자의 물처럼 말이야. 게다가 자네에게는 물을 끓일 만큼 충분한 땔감이 없었지. 주전자의 물을 끓게 하려면 물을 덜어 내거나 지금처럼 땔감이 충분히 준비되어 있어야 한다네."

청년은 큰 깨달음을 얻고 집으로 돌아가 자신이 세웠던 목표들을 살피고 현실적이지 않은 목표들을 지워나갔다. 그렇게 목표들을 간추린 후 한결 여유가 생긴 청년은 그 시간을 전문지식을 쌓는 데 활용했다. 그리고 2년 후 자신이 세운 목표들을 모두 이루었다.

세상에는 우리가 도전하고 쟁취할 만한 가치가 있는 일들이 많지만, 그렇다고 그 모든 것을 다 이루어야 하는 것은 아니다. 여러 가지 일을 모두 이룰 수 없을 때는 과감하게 결단을 내려야 한다.

"내 손 안에 있는 한 마리 새가 숲속에 있는 두 마리 새보다 낫다"는 말이 있다. 과감하게 결단을 내리고 인생에서 가장 중요한 목표를 향해 우리의 제한적인 능력과 시간을 집중해야 한다. 그렇게 한다면 당장은 포기해야 하고 잃는 것도 있겠지만 결국 더 큰 것을 얻게 될 것이다.

사람의 능력에는 한계가 있기 때문에 모든 것을 완벽하게 해낼 수는 없다. 모든 것을 가지려고 하는 사람은 결국 아무것도 얻지 못하게 된다. 현명한 선택은 인생이라는 배에서 짐을 덜어주기 때문에 앞으로 더 잘 나아갈 수 있도록 해준다.

라마르크는 1744년 8월 1일 프랑스 피카르디에서 태어났다. 그는 11남매 중 막내로 태어나 부모의 사랑을 듬뿍 받고 자랐다.

그의 아버지는 아들이 목사가 되기를 바라며 라마르크를 신학원에 보냈지만 얼마 후 프랑스와 독일 사이에 전쟁이 벌어지자 그는 군대에 입대했다. 전역 후 그는 기상학에 빠져 기상학자가 되겠다는 꿈을 안고 매일 연구에 몰두했다. 그러다 얼마 후에는 은행에 취직했고, 이번에는 금융가가 되겠다는 꿈을 꿨다. 그런가 하면 한때 음악에 빠져 종일 바이올린을 연주하며 음악가가 되기를 꿈꿨다. 그는 이러한 꿈들 덕분에 언제나 열정이 넘쳤지만 몇 년이 지나도록 그 어떤 꿈도 이루지 못했다.

어느 날 라마르크는 식물원을 산책하다가 프랑스의 저명한 사상가인 루소를 만났다. 루소는 라마르크를 마음에 들어 했고 그를 종종 자신의 연구실에 데리고 갔다. 그곳에서 라마르크는 과학에 푹 빠지게 되었고, 그제야 자신이 정말로 하고 싶은 일이 무엇인지 깨달았다. 그는 그동안 매달려왔던 다른 꿈들을 모두 포기하고 과학 연구에만 몰두했다.

　　라마르크는 그후 11년을 식물학 연구에 바친다. 35세에는 프랑스 식물표본관의 관리자가 되었고, 이후 15년을 더 연구한 끝에 그 유명한《프랑스 식물지》를 편찬했다.

　　50세가 되던 해에는 동물학 연구를 시작했고, 그 후 35년 동안 연구를 계속 이어나갔다. 그는 일생을 과학 연구에만 몰두했고, 훗날 박물학자가 되었다.

　　인생에서 가장 중요한 것은 잡념을 없애는 것이다. 사람에게 주어진 능력과 시간은 제한적이다. 그러니 이 제한적인 능력과 시간을 가장 좋아하는 일에 투자하도록 하자.

　　세상에 어떤 것도 영원히 소유할 수 있는 것은 없다. 그러니 자신에게 필요하지 않은 것들은 과감하게 포기하고 잊어버려야 하며, 무의미한 욕망 때문에 스스로를 괴롭혀서는 안 된다.

　　인생이라는 무대 위에서 특별한 역할을 맡고 싶다면 포기할 것은 과감하게 포기할 필요가 있다. 너무 많은 목표들 사이에서 방황하다 보면 결국 아무것도 이룰 수 없게 될 것이기 때문이다.

꿈을 갖되
환상을 품지는
말라

사람은 누구나 꿈이 있다. 그 꿈을 이루면 당연히 좋겠지만 만약 꿈을 이루지 못한다면 어떨까? 꿈을 이루지 못할 수도 있고, 그렇더라도 어쩔 수 없는 일이지만, 어떤 사람들은 이로 인해 인생 전체가 무너져버리고 자기 자신이 바보같이 느껴져서 견디기 힘들어 하는 경우도 있다. 이럴 때는 어떻게 해야 할까?

'나에게는 꿈이 있었고, 그 꿈을 향해 도전해봤으니 그거면 됐어!'라고 생각할 수 있는 사람이라면 아무 문제 없다. 자기 인생이니 자기 자신만 괜찮으면 되는 것이다. 하지만 이렇게 생각할 수 있는 사람은 그리 많지 않다. 그러니 꿈을 정할 때는 신중을 기해야 한다.

만약 당신의 꿈이 단순히 꿈이고, 반드시 이루지 않아도 되는 것이라면 어떤 꿈을 가져도 상관없다. 하늘의 선녀와 결혼을 하는 꿈이든 우주를 정복하는 꿈이든 상상의 나래를 마음껏 펼쳐도 좋다.

단, 꿈을 이루기 위해 자신의 인생을 모두 바칠 생각이라면 꿈을 가질 때 신중하게 생각해야 한다. 머릿속에 떠오르는 대로 결정할 것이 아니라 주변 환경과 자신이 가진 능력을 철저하게 분석한 뒤에 결심해야 한다. 다시 말해 갖가지 화려한 꿈들의 유혹을 이겨내고 침착한 마음으로 자기 자신에게 적합한 꿈을 찾아야 하는 것이다.

당신이 어떤 꿈을 갖든 상관없다. 다만 내가 이야기하고 싶은 것은 그 꿈의 정도와 성질이다. 비현실적이고 허무맹랑한 꿈은 꿈이 아니라 헛된 몽상이기 때문이다.

수많은 책에서 이렇게 말한다. 당장의 이익에 얽매이지 말고 원대한 꿈을 가지라고 말이다. 이러한 조언은 자신의 한계를 이겨내고 잠재능력을 발휘하라는 의미이지 기상천외하고 비현실적인 꿈을 가지라는 뜻은 아니다. 때로는 꿈이 없는 것이 허황된 꿈을 갖는 것보다 나을 수 있다. 꿈 하나 때문에 당신의 인생이 파괴될 수도 있기 때문이다.

초등학교 때 총명하지만 정말 개구쟁이인 친구가 한 명 있었다. 물론 그 나이에는 그런 행동이 지극히 정상적인 일이다.

그 아이는 마술을 굉장히 좋아했는데, 데이비드 카퍼필드 같은 세계적인 마술사가 되는 것이 꿈이었다. 그 아이는 교실에서도 종종 마술 연습을 했는데, 그 때문에 교실 분위기가 매우 산만해지고, 어떨 땐 한바탕 소동이 일어나기도 했다. 부모님과 선생님이 아무리 간곡히 타일러도 그 친구는 마술을 포기하지 않았다. 그러다 보니 학교 성적이 좋지 않았고, 일반 고등학교에 진학하지 못하고 기술 고등학교에 입학했다.

그 친구는 마술 때문에 부모님께 숱하게 매도 맞고, 친구들에게 놀림을 당하기도 했지만 절대 포기하지 않았다. 그는 심지어 부모님에게서 받은 학비를 들고 마술사들을 찾아가 마술을 배우기도 했다. 하지만 그의 마술 실력에 대한 평가는 참혹했다.

"너는 민첩함이 너무 떨어져. 그렇게 해서는 마술을 할 수가 없어. 넌 아무래도 마술에는 소질이 없는 것 같은데, 마술을 그만두고 다른 길을 찾아보는 건 어때?"

주변에서 아무리 만류해도 그 친구는 끄떡도 하지 않았다. 그는 성공한 마술사들과 관련된 책이나 신문 기사를 읽으면서 언젠가는 마술사가 되는 꿈을 이루고 말겠다며 자신을 격려했다.

이 이야기는 여느 성공 스토리처럼 해피엔딩으로 끝나지 않는다. 그 친구는 결국 마술사가 되지 못했고, 수차례의 실패를 거듭한 끝에 어느 날 갑자기 오랫동안 꿈꿔왔던 마술사의 꿈을 포기했다.

이 이야기는 결코 고무적이지 않다. 하지만 세상에 떠도는 수많은 성공 스토리의 이면에는 이런 실패 사례가 수두룩하다. 나는 꿈을 이루기는 어렵다고 말하려는 것이 아니다. 현실을 고려하지 않은 허황된 꿈은 이루기 힘들다는 것을 말하려는 것이다.

많은 사람들이 자신에게도 꿈이 있다고 말한다. 하지만 그들에게 그 꿈이 무엇이냐고 물어보면 대부분 실현할 수 없는 허황된 욕망이나 백일몽 같은 꿈을 이야기한다. 사람들이 꿈을 이루지 못하는 이유도 바로 이 때문이다.

젊은이들이 원대한 포부를 갖는 것은 지극히 정상적인 일이다. 나이가 어릴 때는 자신의 능력과 현실을 제대로 인식하지 못하기 때문에 때때로 공허한 환상을 품기도 한다. 환상을 갖는다는 것은 우리 두뇌가 활발하게 사고하고 있다는 의미이므로 걱정할 것 없다. 그러나 아무 생각이나 머릿속을 지배하도록 두어서는 안 되며, 더욱이 그러한 환상을 바탕으로 섣불리 꿈을 정해서도 안 된다.

한 노인이 시장에 물고기를 잡을 수 있는 좌판을 차려놓고 사람들에게 그물을 주며 물고기를 자유롭게 잡도록 했다. 그리고 잡은 물고기는 집에 가져갈 수 있게 했다. 노인의 가게 앞은 문전성시를 이루었지만, 세상에 쉽게 얻어지는 것은 없다. 노인이 준 그물은 조금만 힘을 줘도 쉽게 찢어지는 것이었다.

하루는 한 젊은 대학생이 물고기를 잡겠다며 찾아왔다. 하지만 그 청년은 그물을 세 개나 찢어뜨리고도 물고기를 한 마리도 잡지 못했다. 실망한 청년은 자신을 보며 웃고 있는 노인에게 말했다.

"사장님, 그물이 너무 약한 거 아니에요? 어떻게 물에 들어갔다 나오기만 하면 그물이 다 찢어져요! 이런 그물로 어떻게 물고기를 잡으라는 말이에요?"

노인이 대답했다.

"젊은이, 자네는 물고기를 잡기 전에 손에 들고 있는 그물이 얼마만큼의 무게를 견딜 수 있을지 생각은 해봤나? 무조건 크고 좋은 것을 좇으려고 하기 전에 자신에게 그럴 만한 능력이 있는지부터 살펴봐야 한다네."

"하지만 이 그물은 너무 약해서 작은 물고기도 잡을 수가 없어요."

노인은 아무 말 없이 대학생의 손에서 그물을 가져가더니 금세 펄떡이는 물고기 한 마리를 잡아 올렸다.

"자네는 낚시의 철학을 모르나보군. 사업이든 사랑이든 돈이든 다 마찬가지일세. 목표를 잡을 때는 먼저 자신의 능력을 헤아려봐야 하지. 능력에 비해 지나치게 높은 목표를 잡아서는 안 된다네."

어쩌면 이 세상 모든 꿈은 언젠가 이루어질 수도 있다. 사람이 하늘을 날 수 있게 하겠다는 꿈까지도 말이다. 다만 그 꿈을 실현하는 사람은 당신이 아닐 수도 있다.

우리가 해야 할 일은 자신이 가진 능력을 정확하게 평가하고 비현실적인 꿈을 갖지 않는 것이다. 지나치게 허황된 꿈은 비현실적인 이상일 뿐이다. 그러므로 먼저 바른 이상을 세운 후 자신의 현실에 적합한 꿈을 갖고 그것을 실현하기 위해 열심히 노력해야 한다. 그렇게 한다면 분명 후회 없는 인생을 살 수 있게 될 것이다.

PART 2.

의미 없는 분주함에서 벗어나는 법

> **"**
> 평생 인생의 온갖 쓴맛을 경험하고도
> 여전히 한 손에 연장을 들고
> 무너진 인생을 다시 지어보겠다는 의지를 발휘하는 사람은
> 진정한 어른이 된 것이다.
> – 영국의 한 시인
> **"**

당신의
진짜 인생은
시작되었는가?

사람들은 많은 사람들과 얽히고설켜가면서 이 세상을 살아간다. 이런 관계들은 인생을 살아가는 데 있어서 힘이 되기도 하지만 때때로 자기 자신을 속박하기도 한다. 그래서 마음이 영 내키지 않는데도 억지로 다른 사람들의 뜻을 따를 때가 많다. 그 사람은 가까운 친구일 수도 있고, 알 수 없는 타인일 수도 있다.

사람들은 일을 할 때나 일상생활을 할 때 가족이나 친구 혹은 상사 등 다른 사람들의 기대를 떠안고 살아간다. 다시 말해 사람들은 다른 사람들의 기대 속에 살고 있으며, 그들이 기대하는 모습처럼 되기 위해 노력한다. 그러다가 만약 그 기대에 부응하게 되면 기뻐한다. 누군가의 기대를 만족시켰을 뿐 아니라 자기 자신도 대단한 성취감을 느꼈기 때문이다.

하지만 늘 성공만 할 수는 없는 법이다. 너무 많은 기대를 받으면 실패를 받아들이기 힘들어진다. 기대가 클수록 실망

도 크기 때문이다. 심지어 다른 사람들의 기대를 저버리는 것
은 자신의 기대를 저버리는 것보다 더 고통스럽다.

설령 이런 사실을 알고 있다 해도 다른 사람들의 생각과 기
대는 과거에도 그랬고, 현재에도 그러하며, 앞으로도 당신의
인생에 큰 영향을 미칠 것이다.

하지만 다른 사람들의 기대를 충족시키기 위해 애쓰는 것
이 잘 사는 것이라고 생각하는가? 부모나 배우자의 기대를 저
버리지 않기 위해 노력하는 것이 행복한 삶이라고 말할 수 있
을까? 나는 그렇게 생각하지 않는다. 왜냐하면 인생은 자기
자신의 것이기 때문이다. 자기 인생의 대부분을 다른 사람들
의 기대를 만족시키기 위해 쓴다면 그보다 슬픈 일은 없을 것
이다. 당신이 하는 모든 일은 다른 사람을 위해서가 아니라 당
신 자신의 인생을 더욱 충실하게 만들기 위한 것이어야 한다.

오스트레일리아의 한 작은 마을에 몰리라는 여성이 살고
있었다. 그녀는 평생 이 작은 마을에 살면서 바깥세상을 한 번
도 본 적이 없었다. 보수적이었던 그녀의 부모님은 자녀들을
매우 엄격하게 키웠는데, 아이들이 어렸을 때부터 마을의 규
칙을 잘 준수하도록 했고, 사람들에게 피해를 주면 안 된다고
가르쳤다.

몰리는 자라서 학교를 졸업하고 직장에 다니고 결혼해서
아이를 낳을 때까지 이 가르침을 마음 깊이 새기고 그대로 따
랐으며, 한 번도 부모님을 실망시킨 적이 없었다. 한때는 그녀
도 이 마을을 벗어나 다른 인생을 살고 싶었지만 부모님의 말

을 거역할 수는 없었다.

시간이 흘러 어린 소녀였던 몰리는 어느새 백발의 할머니가 되었다. 그 사이 그녀의 부모님은 물론 남편도 세상을 떠났고 아이들도 모두 독립해 몰리는 혼자 살아가고 있었다. 그 즈음 그녀의 마을이 관광지로 유명해지면서 사람들이 몰려들기 시작했다. 작은 마을은 전 세계에서 찾아온 관광객들로 북적였고, 몰리의 마음도 들뜨기 시작했다.

몰리의 나이 80세가 되었을 때 그녀는 새로운 삶을 시작하기로 결심했다. 처음으로 그 누구의 충고도 듣지 않고 자기가 하고 싶은 대로 살아가기로 한 것이다. 그녀는 살고 있던 집을 팔고 멜버른으로 떠났다. 그곳에서 그녀는 난생 처음 그림을 배웠고, 클래식 음악을 들으러 다녔으며, 젊은이들처럼 패션쇼를 보러 가기도 했다.

몰리는 늘 즐겁고 자신감이 넘쳤기 때문에 사람들은 그녀의 나이를 가늠하지 못했다. 그리고 시의회 의원으로 당선되면서 일약 스타가 되기도 했다. 그녀는 90세가 되던 해에 집에서 실수로 넘어져 갑작스럽게 세상을 떠나기 전까지 자신의 뜻에 따라 자유롭게 살았다.

그녀의 묘지 앞 비석에는 이런 말이 새겨져 있었다.

"몰리, 1990년 생. 2000년에 즐거운 인생 여행을 마치다."

몰리의 묘지를 찾아온 사람들은 비석에 연도가 잘못 새겨진 것이라고 생각했다. 그녀는 1990년 생이 아니라 1910년 생이었으니 말이다. 그에 대해 가이드는 이렇게 설명했다.

"몰리 여사는 80세부터 진짜 자신의 인생을 살았습니다. 비석에는 그녀의 진짜 인생 10년을 강조하기 위해 그렇게 새긴 거예요."

이렇게 몰리는 단조롭고 타인의 기대로 가득 찼던 자신의 인생에 처음이자 마지막으로 짙고 화려한 색을 입히고 떠났던 것이다.

당신은 어떤가? 당신의 인생은 시작되었는가?

사람들은 자기 자신보다는 다른 사람들의 시선과 의견을 지나치게 의식하면서 살아간다. 하지만 한 번뿐인 인생을 자신의 주관 없이 다른 사람들의 들러리로만 살아간다면 얼마나 안타깝겠는가!

나는 내 인생의 주체이고, '나'라는 한 생명의 주인이다. 내가 가야 할 길은 내가 정하고, 내가 원하는 한 그 누구도 내 인생을 좌지우지할 수 없다.

아무리 열심히 산다 한들 자신의 마음에 귀 기울이지 않고 자신의 의견을 중요하게 생각하지 않는 사람이 인생을 성공적으로 살아갈 수 있을까? 남들 보기에 좋은 인생은 겉으로는 멋져 보일지 몰라도 그것은 자신의 인생이라고 할 수 없다.

만약 우리가 자기 자신을 위해 열심히 살아간다면 설령 실패를 하더라도 스스로 떳떳할 수 있다. 게다가 오직 자신을 위해 노력했다면 그 일이 성공하든 실패하든 나름대로의 수확이 있기 마련이다. 성공하면 성과와 함께 기쁨을 얻을 것이고, 실패하더라도 값진 교훈을 얻을 수 있기 때문이다. 그 과정에서 인생은 작은 노력들이 쌓여 만들어지는 것이라는 진리도 깨우치게 된다.

　사람의 일생은 아무도 결과를 알 수 없고, 그 걸음을 멈출 수 없는 길고 긴 여정이다. 살면서 노력하기를 포기하면 평생을 살아도 아무것도 이룰 수 없게 된다. 끊임없이 노력하는 사람만이 인생의 풍성한 결실을 맺을 수 있다. 그렇게 자기 자신을 위해 기울인 노력은 결코 후회 없는 결과로 보답할 것이다.

한 번에
한 가지 일에
집중하라

두 명의 젊은이가 바둑을 배우기 위해 바둑의 고수로 이름난 혁추[4]를 찾아갔다. 그중 한 젊은이는 언제나 진지한 태도로 수업을 들었고 스승의 말 한마디 한마디에 귀 기울였다. 하지만 다른 한 젊은이는 똑똑하기는 했으나 수업 시간에 전혀 집중하지 못했다. 게다가 그의 관심사는 시시때때로 바뀌었는데, 오늘은 바둑을 배우고 싶어 했다가 내일은 그림을 배우고 싶어 하는 식이었다.

어느 날 두 제자가 수업을 받고 있을 때 하늘에서 백조 떼가 날아갔다. 진지하게 공부하는 제자는 하늘에 눈길조차 주지 않고 수업에 집중했지만, 집중하지 못하는 제자는 겉으로는 수업을 듣는 것처럼 보였지만 사실 머릿속으로는 활로 백조를 명중시키는 뛰어난 궁수가 되는 꿈을 꾸었다.

몇 년 후 수업에 진지하게 임했던 제자는 어느새 훌륭한 바둑 기사가 되었고, 늘 딴생각이 많던 제자는 오랜 시간이 흘렀는데도 아무것도 이루지 못했다.

살면서 너무 많은 생각을 하고 너무 많은 것을 얻으려고 애쓰다 보면 길을 잃고 방황하게 된다. 목표가 너무 많은 사람은 한 가지 일에 집중하지 못하고 눈앞에 펼쳐진 아름다운 풍경도 보지 못한다. 더욱이 당장 좋은 기회가 찾아와도 그 기회를 잡지 못한다.

사람이 한 가지 일에 집중하지 못하면 이 일을 하면서 저 일 생각을 하게 되고, 저 일을 하면서 이 일 생각을 하게 돼 결국 어떤 일도 제대로 하지 못하게 된다. 그러다 보면 이루는 것이 없으니 좌절감만 계속 커지고 침착함을 잃게 된다.

세상에서 가장 바쁘고 복잡한 곳을 꼽으라고 하면 뉴욕 그랜드 센트럴 역에 있는 열 평 남짓한 안내소가 떠오른다. 매일 그곳에는 수많은 관광객들이 몰려들어 저마다의 문제에 대한 답을 얻기를 바란다. 질문을 하는 사람이나 안내를 하는 사람이나 분주하기는 마찬가지다. 그러니 안내소 직원들의 긴장감과 일에 대한 중압감이 얼마나 클지 짐작이 된다.

그런데 안내소 직원들 중 유독 한 직원의 얼굴에서는 긴장감이 전혀 느껴지지 않았다. 그는 작은 체구에 안경을 끼고 있었고, 그 난리 통에서도 여유 있고 침착한 표정이었다. 그 직원 앞에는 키가 작고 뚱뚱한 부인이 땀을 뻘뻘 흘리며 서 있는데, 굉장히 불안하고 초조해 보였다. 부인이 뭐라고 말을 걸자 그 직원은 부인을 향해 허리를 숙였다.

"무엇을 도와드릴까요?"

그는 부인의 말에 귀를 기울였다.

"어디까지 가시나요?"

그때 고급스러운 가죽 가방을 들고 비싼 모자를 쓴 남자가 안내소로 들어와 그 직원에게 말을 걸려고 했다. 하지만 그 직원은 그를 못 본 척하고 부인의 말에만 집중했다.

"어디로 가신다고요?"

"스프링필드요."

"오하이오주에 있는 스프링필드 말인가요?"

"아니요. 매사추세츠주에 있는 스프링필드예요."

그는 열차 시간표를 확인하지도 않고 곧장 대답했다. 머릿속에 열차 시간표가 다 저장돼 있었던 것이다.

"그 열차는 15번 플랫폼에서 출발합니다. 열차 출발 시간까지 아직 여유가 있으니 천천히 가셔도 돼요."

부인이 안내소를 떠나자 직원은 곧장 다음 사람을 응대하기 시작했다. 조금 전에 말을 걸려고 했던 비싼 모자를 쓴 남자였다. 그런데 잠시 후 다급한 듯 한 청년이 뛰어와 그 직원에게 말을 걸었다. 하지만 그 직원은 조금 전과 마찬가지로 모자를 쓴 남자의 말에만 집중했다.

누군가 그 직원에게 물었다.

"이렇게 바쁘고 정신없는 곳에서 어떻게 그렇게 침착할 수 있죠?"

직원이 대답했다.

"저는 한꺼번에 많은 사람들을 상대하려고 하지 않아요. 한 번에 단 한 사람에게만 집중하죠. 그리고 그 사람과의 일이 마무리되어야만 다음 사람에게 관심을 갖는답니다."

뉴욕 그랜드 센트럴 역에서 일하는 그 직원이 한 번에 단 한 사람만 응대하는 것처럼 우리도 한 번에 단 한 가지 일에만 온 마음과 힘을 다해 집중하면 일을 성공적으로 끝마칠 수 있다. 그러나 너무 많은 목표를 세워놓고 자꾸 다른 일에 정신을 팔다 보면 어떤 일도 제대로 끝낼 수 없다. 원숭이가 옥수수 알갱이를 한 알이라도 더 가지려고 이미 옥수수를 잔뜩 움켜쥐고 있던 손을 펴자 옥수수 알갱이들이 모두 땅으로 떨어져 결국 아무것도 얻지 못하게 되었다는 우화를 떠올려보라.

사람의 능력에는 한계가 있는데, 그 능력을 여러 일에 분산시키는 것은 현명한 선택이 아니다. 분산된 힘으로는 어떤 일도 제대로 해결할 수 없기 때문이다.

그러나 한 번에 한 가지 일에만 집중하면 내가 가진 능력을 오로지 그 일에만 활용할 수 있기 때문에 금방 좋은 결과를 얻을 수 있다. 이렇게 한 가지씩 일을 끝내다 보면 목표한 일들을 모두 성공적으로 끝낼 수 있다. 성공한 사람들은 일찌감치 이런 사실을 깨달았기 때문에 한 가지 목표에만 집중할 수 있었고, 그랬기에 성공할 수 있었던 것이다. 빌 게이츠는 컴퓨터에, 워렌 버핏은 주식에, 스타벅스는 커피에만 집중한 것처럼 말이다.

한 가지 일에 집중할 때 비로소 잠재되어 있던 자신의 능력을 이끌어낼 수 있고, 그 잠재능력이 더 큰 힘을 발휘할 수 있게 된다. 그러므로 지금 당장 해야 할 일이 얼마나 많든, 그 일이 얼마나 급하든 한꺼번에 모든 일을 다 해결하려고 해서는 안 된다. 먼저 가장 중요한 일부터 해결하고 나머지 일들은 잠시 미뤄두도록 하자. 어떤 일을 가장 효율적으로 끝내는 방법은 다른 생각을 하거나 한눈팔지 않고 오직 지금 하고 있는 일에만 집중하는 것이다.

가장
진실한 경쟁은
자기 자신과
비교하는 것

어느 마을에 한 시계방이 있었는데, 매일 정오 무렵이면 이 시계방 앞에 한 청년이 나타나 자신의 손목시계와 가게 안 괘종시계의 시간을 비교하고는 홀연히 떠나곤 했다. 하루는 시계방 주인이 궁금증을 참지 못하고 청년을 불러 세워 물었다.

"매일같이 우리 가게 앞에 들르던데, 혹시 특별한 이유라도 있으세요?"

청년이 말했다.

"저는 이 가게 건너편에 있는 공장 직원인데요, 매일 정오에 점심 종을 울리는 일을 맡고 있습니다. 혹시나 시간이 맞지 않을까봐 걱정돼서 종을 울리기 전에 시계방에 와서 시간을 확인하고 가는 겁니다."

시계방 주인은 깜짝 놀라며 말했다.

"세상에! 그게 정말이요? 어떻게 이런 일이 있을 수 있죠? 우리 가게 시계들은 모두 당신네 공장에서 울리는 점심 종소리를 기준으로 맞춰 놨단 말입니다."

　당신이 늘 따르던 다른 사람들의 기준이 사실은 정확하지 않은 것일 수도 있다. 그 기준 자체의 오류 때문일 수도 있고, 당신과 맞지 않을 수도 있기 때문이다. 그러니 비교를 하려거든 자기 자신과 비교하는 것이 현명하다.

　하지만 우리 주변에는 남과 비교하기 좋아하는 사람들이 너무 많다. 그들은 성적, 성과, 지위, 권력, 재산, 애인 등 비교하지 않는 것이 없다.

　남과 비교했을 때 나올 수 있는 결과는 내가 남보다 강하든지, 남이 나보다 강하든지, 둘 중 하나다. 비교 결과 내가 남보다 강한 경우에는 기쁘고 득의양양하지만 남이 나보다 강한 경우에는 급격히 우울해지고 질투심에 화가 나기도 한다. 그런데 결과가 어느 쪽이든 마음이 편치 않다. 가장 무서운 것은 다른 사람들과 비교를 하다 보면 점점 자기 자신을 잃게 된다는 것이다.

　델컴퓨터의 창업자 마이클 델은 열아홉 살에 자신의 첫 번째 컴퓨터 회사를 차렸다. 그는 점차 세계적인 기업가로 성장했고 사람들은 그를 '컴퓨터 왕'이라고 불렀다. 하지만 어린 시절의 그는 바보 같아서 늘 다른 사람들을 실망시키는 아이였다.

　하루는 델이 떨리는 마음으로 성적표를 들고 집으로 돌아왔다. 그의 어머니가 성적표에 대해 묻자 델은 주눅 든 목소리로 대답했다.

"시험을 잘… 잘 못 봤어요."

어머니가 웃으며 말했다.

"지난번 시험보다 잘 본 것 같니?"

델이 머뭇거리며 말했다.

"네. 아주 조금요."

그러자 어머니는 기뻐하며 말했다.

"그래, 정말 대단하구나. 그런데 표정이 왜 그렇게 우울하니?"

"다른 친구들은 저보다 시험을 훨씬 잘 봤단 말이에요."

"다른 사람들과 비교하지 말거라. 비교를 하려거든 너 자신과 하렴."

델 어머니의 말처럼 남과 비교하기보다는 자기 자신과 비교해야 한다. 남과 비교하다 보면 어떤 사람은 나보다 강하고, 어떤 사람은 나보다 약하다는 사실을 알게 될 뿐, 그 어떤 것도 정확한 결과라고 할 수 없다. 비교를 하려거든 자기 자신과 비교하라. 자신이 그동안 이룬 성과와 노력의 정도를 비교하는 것이 훨씬 바람직하다.

사람들은 평생 성공하기 위해 노력하며 살아간다. 그렇다면 성공의 진정한 의미는 무엇일까? 바로 어제의 나보다 더 나은 내가 되는 것이다. 성공의 기준은 다른 사람의 성공이 아니라 예전의 내 모습이어야 한다. 그동안 내가 얼마나 더 많은 경험을 쌓았고, 더 많은 것을 배웠으며, 더 나은 사람이 되었

성공의 기준은 다른 사람의 성공이 아니라
예전의 내 모습이어야 한다

는지 비교를 통해 성공 여부를 판단하는 것이다.

다시 말해 성공은 다른 사람보다 얼마나 더 강해졌는지를 의미하는 것이 아니라, 예전의 나보다 얼마나 더 뛰어난 사람이 되었는지를 의미한다. 즉, 예전보다 더 좋은 성적을 받았는지, 예전보다 실력이 더 향상되었는지, 예전보다 더 건강해졌는지, 예전보다 더 화목한 가정이 되었는지를 비교해야 하는 것이다.

물론 누구나 다 성공을 목표로 살아가는 것은 아니다. 항간의 기준에 따라 늘 무언가를 이루면서 사는 데 대해 회의를 느끼는 사람도 있을 수 있다. 꼭 무언가를 목표로 삼지 않고도 살아갈 수 있다고 믿는 사람이 그렇게 살아갈 수 있다면 더없이 좋을 것이다. 그러나 이 복잡한 세상을 등지고 살 수 없고, 그 안에서도 자기 의지대로 살아가고자 하는 사람이라면, 그리고 아직 목표가 있고 삶의 계획이 있는 사람이라면 더 발전적이고 성장하는 자기 모습을 꿈꿀 것이다. 그 목표나 계획이 크든 작든 상관없이 말이다.

그렇게 매일 꾸준히 노력해서 조금씩 앞으로 나아가다 보면 어느새 천리 길을 성큼 나아가 있고, 매일 작은 성공을 이루어가다 보면 어느새 누구도 범접할 수 없는 내공이 쌓이게 될 것이다. 내가 경쟁해야 할 상대는 오직 나 자신이다. 어제의 나와 오늘의 나를 두고 성과를 얼마나 더 거두었고, 얼마나 더 나은 사람이 되었는지 비교해보는 것이다. 그러면 날마다 의미 있는 수확을 거둘 수 있게 될 것이다.

그날의 성과가 작고 미미하다 해도 자신에게 격려의 박수를 쳐주라. 반드시 나의 현실에 맞게 차근차근 노력하며 조금씩 자기 자신의 힘을 키워나가야 한다. 성공해서 크게 알려진 사람이라고 해서 그의 방식을 맹목적으로 따라서는 안 된다.

쟁쟁한 경쟁 상대를 뛰어넘을 수는 없어도 나 자신은 뛰어넘을 수 있다. 자기 자신을 뛰어넘는 것이야말로 수많은 경쟁 상대를 뛰어넘는 것보다 의미 있고 값진 일이다. 빌 게이츠는 다른 사람이 아닌 바로 자기 자신과 경쟁했기 때문에 그토록 큰 업적을 남길 수 있었다. 만약 그가 다른 사람과 비교하길 좋아했다면, 더 이상 비교할 상대가 없어진 순간 그의 능력은 퇴보했을 것이다. 그러므로 지혜로운 사람이라면 오직 자기 자신과 비교해야 한다. 이러한 비교야말로 가장 도전적이고 진실한 경쟁이다.

지금 인생의 황금기를 보내고 있든 침체기를 보내고 있든 절대 주변 사람들과 비교하거나 경쟁하지 말고 앞으로 자기 자신이 지금보다 더 발전하는 사람이 될 수 있을지에 대해서만 생각해야 한다. 그럴 수 있다면 예전에 비해 꾸준히 발전하고 있는 자신의 모습을 보게 될 것이다.

누구나
한 가지
장점은 있다

하버드대학교의 마이클 포터 교수는 '경쟁전략' 이론을 제시하며 학생들의 이해를 돕기 위해 다음과 같은 이야기를 들려주었다.

어느 젊고 가난한 청년이 돌아가신 아버지의 친구를 찾아 파리로 왔다. 그는 아버지 친구에게 먹고살 수 있도록 일자리 구하는 걸 도와달라고 부탁했다.

아버지의 친구가 물었다.

"자네 수학을 잘하는가?"

청년이 고개를 저었다.

"역사는 어떤가?"

청년은 이번에도 난감해하며 고개를 저었다.

"법률 지식은 좀 있는가?"

아버지의 친구는 청년에게 계속 질문을 던졌고, 청년은 절망스러운 표정으로 고개를 저었다.

한참 뒤에 아버지의 친구는 종이를 내밀며 말했다.

"여기에 주소를 써놓고 가면 일자리 구하는 걸 도와주도록 하겠네."

청년이 종이에 주소를 적어놓고 뒤돌아 나가려고 하는데 아버지의 친구가 갑자기 그를 불렀다.

"자네는 글씨를 정말 잘 쓰는군. 자네의 장점은 바로 이걸세!"

"글씨를 잘 쓰는 것이 장점이라고요?"

청년이 의아하다는 듯 물었다.

"글씨를 잘 쓰는 사람은 분명 글도 잘 쓸 거라고 생각하네."

아버지 친구의 칭찬 한마디에 힘을 얻은 청년은 가벼운 걸음으로 길을 나섰다. 그 후 그는 자신의 장점을 살려 세계 문학사에 길이 남을 명작들을 썼다. 이 청년이 바로 19세기 프랑스 낭만주의 문학을 대표하는 알렉상드르 뒤마다.

'글씨를 잘 쓴다'는 칭찬 한마디가 세계적인 대문호를 만들 줄은 아무도 상상하지 못했을 것이다.

현대 물리학의 창시자이자 위대한 사상가이며 철학자였던 알버트 아인슈타인은 1999년 12월, 미국의 〈타임〉지에서 뽑은 '세기의 위인'에 선정되기도 했다. 아인슈타인은 1950년 무렵 편지 한 통을 받았는데 놀랍게도 그에게 이스라엘의 대통령이 되어달라는 내용이었다. 아인슈타인은 그 제안을 거절했다.

그가 말했다.

"저는 평생을 객관적인 물질을 연구하며 살았습니다. 그래서 행정적인 업무를 처리하거나 많은 사람들과 교류하는 능력이 남보다 많이 뒤떨어지기 때문에 그런 중책을 맡을 수 없습니다.”

미국의 작가 마크 트웨인에게도 비슷한 경험이 있다. 그는 오래전 타자기 사업에 투자했다가 사기를 당해 19만 달러를 배상한 적이 있다. 그 후 다시 출판사를 차렸지만 경영 능력 부족으로 사업은 실패로 돌아갔고, 10만 달러를 배상해야 했다. 두 차례의 사업 실패로 그는 무려 30만 달러를 배상금으로 물어줘야 했고, 자신이 그동안 벌어들인 원고료를 모두 날린 것은 물론, 거액의 빚까지 졌다.

이때 남편에게 사업가로서의 재능이 없다는 것을 알고 있었던 마크 트웨인의 아내는 그가 천부적인 문학적 재능을 살려 다시금 창작의 길로 들어설 수 있게 격려했다. 덕분에 마크 트웨인은 실패의 아픔을 딛고 다시 일어나 창작에 몰두했고, 이후 주옥같은 작품들을 남기게 되었다.

뒤마는 자신의 작은 장점을 살려 문학의 거장이 되었고, 아인슈타인은 자신에 대한 객관적 판단을 근거로 한 나라의 대통령이 될 기회를 마다하고 그 유명한 상대성 이론을 발견했다. 또 마크 트웨인은 사업가로서의 자질은 없었지만 글쓰기를 통해 문학가로서 큰 성공을 거두었다. 이 세 사람은 자신의 장점이나 특기를 활용해 각자의 분야에서 큰 성공을 거두었으며, 이로써 엄청난 부와 인류에 길이 남을 유산을 남겼다.

누군가 빌 게이츠에게 성공의 비결을 묻자 그는 이렇게 대답했다.

"당신이 사랑하는 일을 하고, 당신이 하는 일을 사랑하는 것입니다."

빌 게이츠가 말한 '사랑하는 일'이란 결국 자신의 장점과 특기를 살린 일이라고 할 수 있다. 앞에서 뒤마와 아인슈타인, 마크 트웨인이 남보다 잘하는 일로 큰 성공을 이룬 것처럼 말이다.

사람은 누구나 저마다의 장점이 있다. 성공적인 인생을 사는 비결은 바로 자신이 가진 능력을 잘 활용하는 것이다. 자신의 장점을 잘 활용하면 인생의 가치가 높아진다. 반면 지나친 욕심 때문에 무리해서 단점을 이용하다 보면 인생의 가치는 점점 낮아진다.

자신의 비교우위를 발견하고 이를 잘 활용하면 성공에 한 걸음 가까이 다가갈 수 있다.

그렇다면 비교우위란 무엇일까?

비교우위는 한 사람에게 가장 익숙하고 능숙한 재능으로, 이러한 재능은 특정 분야에서 두각을 나타낸다. 자신의 능력을 충분히 발휘할 수 있는 일을 할 때 성공 가능성이 가장 높다. 그러므로 자신의 가장 큰 장기를 발휘할 수 있는 사업이나 일을 선택한다면 이미 반쯤 성공한 것이라고 할 수 있다.

한 사람이 여러 방면에서 비교우위를 가질 수도 있다. 예를 들어 글을 잘 쓰는 사람이 회사 경영이나 생물 연구에 재능이 있을 수도 있다. 그래서 직업이나 사업 분야를 선택할 때 쉽게 결정하지 못하게 되기도 한다. 자신이 가진 장점들을 살릴 수 있는 여러 선택지들을 놓고 고심하려고 할 때, 그중 어느 한 가지를 선택한다는 것이 결코 쉬운 일은 아니다.

이때는 자신의 장점들 중 가장 특출난 장점을 선별해낼 수 있어야 한다. 자신의 가장 큰 장점을 찾아내 적합한 분야를 선택한다면 자아를 실현하고 성공의 길로 들어설 수 있을 것이다. 또 자신의 가장 큰 장점을 찾아내 그것을 활용하다 보면 잠재되어 있던 능력들을 발휘할 수 있게 되면서 좋은 아이디어들이 샘솟게 된다. 이처럼 창조력과 창의력이 풍부해지면 성공 가능성이 높아지니 얼마나 긍정적인 선순환인가!

어떤 일이든
견뎌내야 하는 시간이
있기 마련

이제 막 대학을 졸업하고 사회에 첫발을 내딛은 젊은 여성들이 흔히 하는 말이 있다.

"내가 대학까지 나왔는데 이런 쥐꼬리만 한 월급 받으면서 회사를 다녀야겠어? 옷 살 돈은커녕 밥 사먹을 돈도 부족하다니까!"

나는 이런 이야기를 들을 때마다 내 사회 초년생 시절의 기억이 떠올라 피식 웃음이 나오곤 한다. 그때는 대학만 졸업하면 눈앞에 장밋빛 미래가 펼쳐질 줄 알았다. 물론 그 장밋빛 미래에는 두툼한 월급봉투도 포함돼 있었다. 하지만 내가 처음으로 손에 쥔 월급은 초라하기 그지없었다.

그런데 지금 생각해보면 대학에서 받는 고등교육이라는 것은 사실 개인적인 소양을 닦고 지식을 쌓는 것일 뿐이다. 회사 입장에서 보면 학교에서 배운 지식들을 생산력으로 바꾸어야 하기 때문에 많은 인적, 물적 투자가 필요하다. 회사라고 해서 마냥 손해 보는 장사를 할 수 있겠는가? 어떻게 가치를 창출하지 못하는 초보자들에게 고액의 연봉을 주겠는가?

그렇지만 사회 초년생일 때는 아무도 이런 사실을 인지하지 못한다. 그저 자신의 노동력이 평가절하 되고, 이상과 현실이 크게 다르다는 사실에 우울할 뿐이다. 그래서 그 무렵, 하던 일을 그만두고 진로를 바꾸거나 결혼을 통해 현실 도피를 하려고 하는 여성들도 있다. 물론 결혼은 한 사람의 선택이고, 결혼해서 즐겁고 행복하다면 더할 나위 없이 좋은 일이다. 그러나 요즘 같은 시대에는 결혼이 결코 도피처가 되지도 않을뿐더러 만약 자신의 커리어를 갖고 싶은 사람이라면 그 시간을 견뎌야 한다.

하루는 친구가 이와 비슷한 문제로 고민하고 있기에 내 생각을 말해줬다. 그러자 친구가 이렇게 물었다.

"린야, 네 말도 맞아. 하지만 2년 넘게 일했는데도 월급이 그대로면?"

나는 곰곰이 생각하다가 이렇게 말했다.

"내 생각에는 말이야, 사회생활을 처음 시작할 때는 월급보다는 일을 하면서 무엇을 얻을 수 있을지를 더 고민해봐야 할 것 같아. 내가 이 일을 통해서 어떤 기술을 배우고, 어떤 사회 경험을 쌓을 수 있는지 등 말이야. 나는 이런 기술과 경험 들이 월급보다 훨씬 중요하다고 생각해. 월급은 써버리면 그만이지만, 일을 통해 얻은 것들은 내가 평생 가지고 갈 수 있는 자산이잖아."

"네 말이 틀린 건 아니야. 하지만 돈은 생존과 직결된 문제야. 정신적인 것들이 아무리 중요하다고 해도 물질이 뒷받침되지 않으면 굶어죽을 수밖에 없어. 미안, 내가 요즘 심란한 일이 좀 있어서 그래. 나하고 직접 관련된 일은 아니지만…."

친구는 물을 한 모금 마시고는 다시 이야기를 시작했다.

"회사 동료 중에 전자상거래 부서에서 일하던 친구가 있어. 회사에 입사한 시기는 나하고 비슷하고, 일한 지 오래되지 않았으니 눈에 띄는 성과를 낸 건 없지만 정말 성실히 일하는 친구야. 그런데 수습 기간이 끝났을 때 월급이 조금 오른 것 말고는 그 후로 2년 동안 한푼도 오르지 않았다지 뭐야. 그 친구는 용기를 내서 사장님한테 월급을 올려달라고 얘기했어. 그런데 월급이 오르기는커녕 핀잔만 들었대. 사장님은 친구네 부서가 돈은 많이 들어가는데 성과는 나오지 않는다면서 내년에도 부서를 계속 유지해야 하나 고민 중이라고 했대. 월급 좀 올려달라고 말했다가 도리어 사장님 심기를 건드린 격이 된 거야. 얼마 후에 사장님은 정말로 친구네 부서를 없애버렸어. 다행히 그 친구는 해고되지는 않았지만 우리 부서로 옮겨서 처음부터 일을 다시 배우고 있어. 이제 당분간은 월급 올려달라는 얘기는 꺼내지도 못하게 된 거지. 넌 이 일을 어떻게 생각해? 사장님이 너무하다고 생각하지 않아?"

나는 가만히 생각하다가 말했다.

"너도 말했듯이 그 친구가 회사에 들어가서 눈에 띌 만한 성과를 낸 건 아니라며? 성과가 없다면 사장님은 그 친구가 일을 열심히 하는지 안 하는지 모를 수도 있잖아. 네가 한 회사의 사장이라고 생각해봐. 직원들이야 자기 할 일만 하면 되지만 사장은 회사 전체를 관리해야 하니 얼마나 정신이 없겠어. 그런 상황에서 아무 성과도 없는 직원이 찾아와 월급을 올려달라고 하면 반가울 리가 없지. 만약 그동안 그 친구가 열심히 노력해서 회사에 도움이 될 만한 성과를 냈다면 너희 사장님도 분명 그런 처분을 내리지는 않았을 거야."

"그래. 네 말도 맞아. 하지만 월급이 너무 적으면 열심히 하고 싶은 마음이 들지 않는다는 게 문제야."

"월급을 많이 받아야만 열심히 일하겠다는 생각이 과연 옳을까? 월급이 적으면 그만큼 열심히 노력해서 실력을 쌓은 다음 자신이 월급을 더 많이 받을 만한 사람이라는 걸 증명해내야 하지 않을까?"

일을 열심히 하는데도 월급이 적은 경우도 있지만, 일은 제대로 하지 않으면서 월급이 적다고 불평만 하는 사람들도 있다. 제대로 일하지 않으면서 불평만 하는 사람들은 사실 회사에 큰 손해를 입히고 있는 것이다. 이렇게 근시안적인 사고를 가진 사람들은 어떤 분야에서도 크게 성공하지 못하고 평생 평범하게 살아간다. 게다가 월급만 바라보고 일을 하는 사람들은 아무리 열심히 일을 해도 성취감을 느끼기 어렵다.

월급이 일을 하는 목적 중 하나인 것은 맞지만 일을 통해 얻을 수 있는 것은 월급명세서에 찍힌 숫자가 다가 아니다. 열심히 일한 사람은 당연히 그에 상응하는 보상을 받아야 한다. '황금 보기를 돌같이 하라'거나 '일을 하면서 아무런 보상도 기대해선 안 된다'고 말하려는 것이 아니다. 보상이라는 것은 돈 외에도 여러 가지가 있을 수 있다는 것을 말하고 싶은 것이다. 돈은 눈으로 직접 볼 수 있고 만질 수 있기에 우리에게 크게 다가온다. 하지만 돈보다 매력적이지 않지만 더 중요한 보상들이 있다. 바로 기회와 경험이다.

그러니 월급이 적다는 것에 연연하지 말고 일을 통해 소중한 경험과 재능을 쌓는다고 생각하면 어떨까? 일을 통해 당신이 쌓는 경험과 재능은 돈보다 천만 배 더 가치 있는 보상이다. 그리고 이러한 보상이 충분히 쌓이게 될 때쯤 당신의 월급은 자연스럽게 오르게 될 것이다.

단순하고
하찮은 일에도
최선을 다하라

대부분의 사람들은 회사에 들어가면 자신이 아주 중요하고 흥미로운 일을 하게 될 거라고 생각한다. 그런데 실제로 일을 해보면 매일 단순하고 자질구레한 일들만 반복될 뿐이다. 그러다 보면 점점 자신이 하는 일이 마음에 들지 않고 지루하게 느껴지게 된다. 하지만 단순하고 자질구레한 일들을 능숙하게 처리할 수 있어야만 크고 중요한 일도 할 수 있는 법이다.

일이 재미없다고 불평한다고 해서 상황이 바뀌는 것은 아니다. 그렇게 불평만 하고 있으면 오히려 일처리 능력이 떨어지게 되고 주변 사람들에게도 환영받지 못하는 사람이 된다. 매사에 부정적이기만 한 사람을 좋아할 리 없는 것이다.

오늘날에는 경쟁이 점점 치열해지고 있어서 일할 기회를 얻기조차 매우 어려운 게 사실이다. 그러니 기회를 얻었을 때 감사히 생각하고 열심히 일해야 한다.

어떤 일을 하고 있다면, 그 일은 이미 내 인생의 일부분인 것이나 다름없다. 그런 일을 무성의하게 대강대강 하는 것은 인생을 낭비하는 것이다. 주어진 일을 열심히 하지 않고 시간을 낭비하는 사람은 아무리 학력이 높고 재주가 뛰어나도 좋은 성과를 거두지 못한다.

한 휴대폰 가게에서 2년 정도 일한 젊은 청년이 있었다. 그는 꽤 많은 시간을 그 일에 바쳤는데, 사장이 자신의 노력과 능력을 알아주지 않자 불만이 생겼다. 그렇게 불만이 생긴 이후로 그 청년은 늘 의욕이 없었고 일도 성의 없게 했다.

그는 속으로 이렇게 생각했다.

'나처럼 얼굴도 잘생기고 똑똑한 사람이 여기 말고 일할 데가 없을까봐? 흥!'

그때 한 손님이 청년에게 다가와 신형 휴대폰을 보여달라고 말했다. 그런데 청년은 손님의 말을 들은 체 만 체하고, 하고 있던 휴대폰 게임을 계속했다. 손님이 다시 한 번 말했지만 그는 꿈쩍도 하지 않았다.

청년은 느긋하게 친구에게 문자 메시지까지 보내고 나서야 고개를 들고 손님에게 말했다.

"지금 이 휴대폰은 샘플 말고는 재고가 없어요."

그러자 손님이 언제쯤 물건이 들어오냐고 물었다.

"저도 잘 몰라요. 서비스 데스크에 가서 물어보세요."

청년은 손님의 말에 건성건성 대답하고 말았다. 그리고 나서 3개월 후 이 청년은 가게에서 해고당했다.

몇 달 후 청년을 다시 만났을 때 그는 잔뜩 풀이 죽은 얼굴을 하고 있었다. 알고 보니 경기가 좋지 않아 몇 달째 일자리를 구하지 못하고 있었던 것이다. 그는 면접을 보러 가야 한다며 서둘러 자리에서 일어났다. 비록 예전에 하던 일과 크게 다르지 않고 월급도 비슷하지만 그런 기회라도 놓칠 수 없다는 말을 남기고 청년은 자리를 떠났다.

애초에 그 청년이 자신의 일을 소중하게 여겼다면 어땠을까? 그럼 주어진 일을 더 열심히 했을 것이고 다시 일자리를 찾느라 고생하지 않아도 됐을 것이다.

많은 사람들이 일에 대한 불만을 토로하지만 사실 불만의 내용은 그들을 힘들게 하는 주요 원인이 아니다. 정말로 그들을 곤경에 빠트리는 것은 불평불만을 토로하고, 거기에 반응하는 행위 그 자체다.

평범한 일을 하면서도 두각을 나타내기 위해서는 개인의 재능과 적극적인 노력이 뒤따라야 한다. 아무리 하찮은 일일지라도 열심히 하는 사람의 앞날에는 언제나 밝은 빛이 비칠 것이다.

한 신입사원이 수습 기간을 마치고 정식 직원이 되었다. 그런데 그에게 주어진 첫 임무는 다름 아닌 화장실 변기를 청소하는 일이었다. 그것도 변기를 매일 새것처럼 반짝반짝하게 닦아놓으라는 구체적인 지시가 있었다.

'힘들게 수습 기간을 마쳤더니 변기 청소라니!'

그 신입사원은 이런 현실을 쉽게 받아들이기 힘들었다. 매일 수세미를 손을 들고 더러운 변기 속까지 닦아야 했는데, 그럴 때면 구역질이 절로 나왔다. 이렇게 매일 변기와 사투를 벌이면서 그는 이 일을 계속해야 할지, 다른 직장을 알아봐야 할지 고민하기 시작했다.

그러던 어느 날 그 신입사원 앞에 나이가 지긋한 선배 한 명나타났다. 그녀는 장황한 말로 그를 설득하는 대신 직접 변기닦는 모습을 보여주었다. 그녀는 순식간에 변기를 새것처럼 반짝반짝하게 닦았다. 그런 다음 변기에서 물 한 컵을 뜨더니한 치의 주저함도 없이 그대로 그 물을 마셨다. 신입사원은 너무 놀라서 입이 떡 벌어졌다. 그리고 이내 자신의 태도에 문제가 있었다는 사실을 깨닫고 이렇게 결심했다.

'평생 변기 닦는 일을 하게 되더라도 나는 세상에서 변기를가장 깨끗하게 닦는 사람이 되겠어!'

이후 그는 완전히 새로운 자세로 변기 닦는 일에 임했고, 그의 실력은 흠잡을 데가 없었다. 그는 자신의 노력을 증명하고계속 경각심을 갖기 위해 변기 물을 마시는 것도 서슴지 않게되었다.

많은 시간이 흘러 그는 어느새 호텔 업계의 거물이 되었다. 그의 멈출 줄 모르는 창조력과 대범한 실행력 덕분에 그의 사업은 빠르게 성장했다. 이 이야기의 주인공은 바로 세계적 호텔 체인인 힐튼 호텔의 창업자 콘래드 힐튼이다.

뉴욕센트럴철도회사의 총재였던 프레드릭 윌슨은 이렇게말했다.

"땅 파는 일을 하는 사람이든, 한 회사를 이끌어가는 사람이든 자신의 일을 신성하게 여겨야 한다. 열악한 환경이라 할지라도, 고된 훈련을 거쳐야 할지라도 적극적이고 책임감 있는 태도로 일에 임해야 한다. 이러한 태도를 가진 사람은 분명 자신이 목표한 바를 이루게 될 것이다."

이렇게 사는 것이야말로 우리가 일과 사업을 대하는 바람직한 태도다. 그러니 지금 하고 있는 일이 좋든 싫든 일할 수 있는 기회가 주어졌다는 데 감사하며 최선을 다해야 한다. 오늘의 성실함과 노력은 더 성장하는 내일을 위한 튼튼한 밑거름이 될 것이다.

인생이란
무거운 짐을 지고
천천히 앞으로
나아가는 것

현대인들은 그 어느 때보다 생활 리듬이 빠르게 돌아가는 시대에 살고 있다. 옛날에는 다른 나라로 여행을 가려면 꼬박 몇 달을 걸어야 했지만 이제는 하루면 지구 반 바퀴를 돌 수 있고, 예전에는 편지 한 통을 보내려면 몇 달이 걸려야 했지만 이제는 1초면 상대방에게 바로 전송할 수 있다.

그래서 그런지 현대인들은 그 어느 때보다 바쁘고 초조하게 살아간다. 입사지원서를 보내고 몇 분 지나지도 않았는데 회신이 없다며 초조해하고, 이제 막 수습 기간을 끝마쳤으면서 남들보다 하루라도 빨리 승진하고 싶어서 안달한다.

이러한 시대적 흐름 속에 사람들은 '가능한 한 빨리', '빠르면 빠를수록', '가급적 이틀 내에…'라는 말을 입에 달고 산다. '한 달 안에 완벽히 끝내는 외국어!', '7일 성공 다이어트!' 등의 광고 문구들도 자주 볼 수 있다. 무슨 일이든 쉽게 빨리 끝내고 싶어 하는 사람들의 심리를 겨냥한 광고 문구들이다. 그러나 무조건 빨리 하려고 서두르다 보면 아무것도 제대로 할 수 없게 된다.

리제는 대학교에서 화학신소재학을 전공하고 졸업을 하자마자 반도체 칩을 연구하는 회사에 취직했다. 그런데 이 회사에서는 갓 입사한 신입사원들을 공장의 생산라인에 우선 배치해 수습 기간을 거치게 한 다음, 수습 기간이 끝나면 연구개발 부서로 발령내고 있었다. 이 규정에 따라 리제도 생산라인에서 일하게 되었다.

'명문대학까지 나와서 이렇게 하찮은 공장 일이나 하고 있다니!'

입사하면 중요한 프로젝트를 담당하게 될 거라고 생각했던 리제는 회사의 방침을 이해할 수 없었고, 결국 얼마 다니지 못하고 회사를 그만두었다.

그 후 리제는 베이징으로 자리를 옮겨 일자리를 구하려고 했지만 쉽지 않았다. 전공과 맞는 곳이 몇 군데 있었지만 다른 조건들이 마음에 들지 않았다.

그러던 어느 날 친구로부터 요즘 금융회사가 돈을 잘 번다는 이야기를 듣고 증권회사 몇 곳에 이력서를 냈다. 하지만 리제는 박사 학위를 가졌음에도 불구하고 전공이 맞지 않고 관련 경력이 없다는 이유로 모두 거절당했다.

구직기간이 길어지자 리제의 마음은 점점 더 조급해졌다. 그는 결국 가족들의 압박과 초조한 마음을 견디지 못하고 보험 영업을 시작했다. 그러나 원래 사교성이 떨어지는 데다가 인간관계가 넓지 않았던 그는 매달 회사의 최저 실적조차 채우지 못했고, 몸과 마음은 점점 지쳐갔다. 얼마 후 리제는 실적에 대한 스트레스를 견디지 못하고 다시 회사를 그만두었다. 그리고 베이징에 살고 있는 동창 몇 명과 프로그램 개발 회사를 차렸다.

오늘날 창업의 문턱은 낮아졌지만 성공하기란 결코 쉬운 일이 아니다. 리제의 회사는 현금흐름이 원활하지 않고 개발한 프로그램이 생각만큼 잘 팔리지 않아 1년을 버티지 못하고 적자가 나기 시작했고, 함께 동업을 한 친구들과도 점점 사이가 멀어졌다. 결국 호기롭게 시작한 사업은 거액의 빚만 남기고 포기해야 했다.

리제는 빚을 갚기 위해 다시 일자리를 구할 수밖에 없었다. 그 후 몇 년 동안 그는 몇 차례나 회사를 더 옮겨 다녔고 아직도 자리를 제대로 잡지 못하고 있다. 그는 지난 10년을 돌아보며 명문대 졸업장과 박사 학위까지 있는 자신이 이렇게 비참하게 살아갈 줄은 꿈에도 몰랐다며 신세를 한탄했다.

요즘 리제처럼 한 회사에 오래 있지 못하고 여러 직장을 옮겨 다니거나, 능력은 있지만 제대로 인정받지 못하거나, 내면이 늘 불안한 사람들이 점점 더 많아지고 있다. 그 이유는 무엇일까?

가만히 생각해보면 그 이유는 각자의 능력이 부족해서가 아니라 마음이 조급해서다. 마음이 조급하면 태도와 행동이 거칠고 단순해지며, 일처리를 꼼꼼하게 하지 못하고 대충대충 하게 된다. 그런데 결국 그 피해는 고스란히 다시 나에게로 돌아오게 된다.

한 아이가 풀밭에서 작은 애벌레를 하나 찾아냈다. 아이는 애벌레가 나비로 변하는 모습을 관찰하고 싶어서 애벌레를 집으로 가지고 왔다. 며칠이 지나자 애벌레 껍데기에 조금씩 균열이 생기면서 그 안에서 나비가 꿈틀거리는 것이 보였다. 나비는 그렇게 몇 시간 동안이나 계속 꿈틀거렸지만 어딘가에 몸이 걸렸는지 껍데기를 뚫고 나오지 못했다. 마음이 점점 조급해진 아이는 나비를 도와줘야겠다고 생각했다. 그래서 나비가 나올 수 있도록 가위로 껍데기를 잘라줬다. 하지만 그렇게 해서 세상 밖으로 나온 나비는 몸은 비대하고 날개는 찌그러져 있어서 제대로 한번 날아보지도 못하고 얼마 후 죽고 말았다.

급히 먹는 밥은 체하는 법이다. 나비는 번데기 안에서 날개를 충분히 단련해야만 껍데기를 뚫고 나왔을 때 하늘을 훨훨 날아다니는 진정한 나비가 될 수 있다.

사람의 성장 또한 나비의 탄생 과정처럼 서두르면 안 된다. 사람마다 성공의 길은 모두 다르지만 어떤 길이든 힘들고 긴 여정일 것이다. 우리는 그 길 위에서 천천히 한 걸음씩 앞으로 나아가야만 종착지에 무사히 도착할 수 있다. 불안하고 초조한 마음에 시작부터 서두르다 보면 절반도 못가서 지쳐버리게 된다.

인생이란, 무거운 짐을 지고 천천히 앞으로 나아가는 것이

다. 사람마다 짐의 종류와 무게는 다르지만 자신에게 주어진
짐을 지고 나아가다 보면 어느새 자신이 정말 먼 길을 왔음을
깨닫게 될 것이다.

최선을 다했다면
나머지는
운명에 맡기라

세상 모든 부모는 자기 자식을 귀한 왕자와 공주 모시듯 지극 정성으로 키운다. 하지만 이렇게 '귀하신 몸'으로 자란 왕자님, 공주님도 성인이 되어 사회에 나가보면 아무도 그들을 왕자나 공주처럼 대해주지 않는다는 사실을 깨닫게 된다. 그리고 세상은 원래 고통과 번민 그리고 상처들로 가득한 곳이라는 걸 뼈저리게 느끼게 된다.

갑자기 닥친 인생의 시련을 받아들이고 순조롭게 극복하는 사람들도 있지만 그렇지 못한 사람들도 있다. 어떤 사람들은 아주 작은 시련에도 쉽게 상처받고 포기해버린다. 이처럼 우리 주변에는 스스로 아무것도 할 줄 모르고 유약하기만 한 마마보이, 마마걸들이 생각보다 많다.

그런데 자기 자신과의 싸움조차 이겨내지 못한다면 어떻게 인생의 시련을 이겨낼 수 있을까? 만약 단 한 번 넘어진 것 가지고 그 길로 더는 걷지 못하겠다고 포기하면 세상에 갈 수 있는 길이 어디 있을까?

당신이 귀하게 자랐다고 해서 하늘에서 특별히 자비를 베풀어주는 것은 아니다. 어느 누구의 인생이든 줄곧 평탄할 수만은 없다. 아무리 열심히 준비한다 해도 실수할 수 있고, 새로운 일에 도전할 때는 누구나 실패할 수 있다. 그럼에도 자신의 인생을 끌고나가려면 수없이 넘어질 각오를 해야 한다. 제자리에 가만히 서 있을 생각이 아니라면 말이다.

살면서 실수도 하고 넘어지기도 하면 좀 어떤가? 그럴 때는 두 배로 더 노력하면 된다. 그리고 충분히 노력했다면 나머지는 운에 맡기라. 신은 젊었을 때의 노력을 차곡차곡 저장해두었다가 훗날 배로 갚아주기 때문이다.

헝가리에 한 소년이 살고 있었다. 소년은 어려서부터 느리고 우둔한 데다가 아버지가 목재상을 하는 까닭에 사람들은 그 소년을 '나무토막'이라고 불렀다. 열두 살이 되었을 때 소년에게는 꿈이 하나 생겼다. 그건 바로 노벨문학상을 받을 만큼 훌륭한 글을 써서 국왕으로부터 상을 받는 것이었다. 소년은 자신의 꿈을 사람들에게 이야기하고 싶었지만 비웃음만 살 것 같아 말하지 못하고 어머니에게만 조용히 말했다.

소년의 어머니가 말했다.

"그런 멋진 꿈을 가졌다니 정말 대단하구나! 사람이 마음속에 간절한 꿈을 품고 있으면 하늘은 그 꿈을 이룰 수 있도록 도와준다고 하더구나."

소년은 그때부터 글쓰기에 푹 빠졌다. 그는 스스로에게 이렇게 말했다.

"내가 열심히 노력하면 분명 하늘도 나를 도울 거야."

소년은 열심히 글을 썼다. 하지만 3년이 지나도 하늘의 도움은 없었고, 그 후 3년이 더 지났지만 마찬가지였다. 하늘은 그를 돕는 대신 히틀러의 군대를 보냈고, 유대인이었던 그는 수용소로 끌려가고 말았다. 그 지옥 같은 수용소에서 수많은 유대인들이 목숨을 잃었지만 다행히도 그는 살아남았다.

수용소에서 나온 그는 다시 글을 쓰기 시작했고 1975년, 드디어 첫 번째 소설《운명》을 출판했다. 그는 뒤이어 소설 《좌절》을 비롯해 다수의 작품을 썼다.

그 많은 세월 동안 하늘은 그를 돕지 않았고, 오히려 죽음보다 힘든 시련을 주기도 했다. 그러다 그가 더 이상 하늘의 도움을 기대하지 않게 되었을 때 스웨덴 한림원에서 2002년 노벨문학상 수상자로 헝가리의 작가 임레 케르테스를 지목했다는 소식을 전했다. 그는 이 소식을 듣고 깜짝 놀랐다. 그가 바로 임레 케르테스였기 때문이다.

사람들이 그에게 노벨상 수상 소감을 물었을 때 그는 이렇게 말했다.

"소감이라고 할 게 있나요. 저는 제가 좋아하는 일을 했을 뿐입니다. 글을 쓸 수만 있다면 어떠한 시련도 감수하겠다고 생각하니 하늘이 이렇게 큰 상을 내려주시네요."

파울로 코엘료의 장편소설《연금술사》에는 이런 구절이 나온다.

"자네가 무언가를 간절히 원할 때는 온 우주가 자네의 소망
이 실현되도록 도와준다네."

우주가 모든 사람을 도와줄 수는 없다. 우주의 시험을 통과
하는 사람만이 그 도움을 받을 자격이 있다. 꿈을 이루는 과정
에서 겪게 되는 모든 시련과 좌절은 바로 우주가 당신의 의지
와 신념을 시험하려는 것이다. 이러한 시험은 당신이 전혀 준
비돼 있지 않을 때 갑자기 당신을 공격해 넘어뜨리기도 하고,
심지어 완전히 일어서기도 전에 다시 한 번 무참하게 넘어뜨
리기도 한다.

이때 당신이 해야 할 일은 넘어진 곳에서 묵묵히 일어나 먼
지를 털어내고 가던 길을 계속 걸어가는 것이다. 넘어지는 것
은 결코 기분 좋은 경험이 아니다. 게다가 앞으로 가야 할 길
에 또 얼마나 많은 장애물들이 있을지 알 수 없기에 두렵기도
하다. 하지만 그렇다고 해서 넘어진 곳에 계속 누워 있을 수만
은 없다. 누군가는 앞으로 계속 걸어가는 것이 두려워서 왔던
길을 되돌아가려고 하기도 한다. 그러나 모든 것은 끊임없이
변하므로 그가 지나왔던 길이 여전히 과거와 같은 모습일지
는 알 수 없다.

길을 계속 걷는다면 언제든 넘어질 가능성이 있다. 하지만
이 사실을 기억한다면 상처받을까봐 미리 걱정할 필요도 없
고, 때때로 시험이 닥치더라도 담담하게 받아들일 수 있다. 최
선을 다해 노력했다면 그 다음 일은 운명에 맡기도록 하자.

가장 큰 잘못은
노력하지
않는 것

직장생활을 한 번이라도 해본 사람이라면 인생이 생각만큼 호락호락하지 않다는 것을 알 것이다. 업무 실적이 좋지 않으면 상사로부터 따가운 눈초리를 받아야 하고, 업무 실적이 너무 좋아도 상사의 자리를 위협한다는 눈치를 받아야 한다. 회사에서는 아무리 똑똑하고 일을 잘해도 상사의 꾸지람을 피할 수 없다. 주어진 과제를 완벽하게 끝내도 공로는 모두 상사에게 돌아가고, 사장은 당신의 이름 석 자조차 기억하지 못한다. 게다가 아무리 일을 잘하고 실적이 좋다 해도 승진이 보장되는 것은 아니다.

　이는 거의 모든 직장인들이 겪는 고충이다. 사람들은 노력한 만큼 정당한 보상을 받고 상사가 공명정대하게 일처리를 하며 위에서 말한 문제들이 자신에게만큼은 일어나지 않기를 바란다. 하지만 직장생활의 가장 큰 문제는 사장도, 상사도 아니다. 가장 큰 문제는 당신 스스로가 더 이상 노력하지 않는다는 것이다. 사장과 상사가 당신의 운명을 결정할 수도 있지만, 인생 전체를 놓고 보면 그 영향은 미미하다. 당신 인생 전체의 운명은 당신 자신의 손에 달려 있다. 그러니 그들 때문에 억울하다고 해서 노력하기를 멈춘다면 그때는 진짜 당신의 인생에 큰 영향을 미칠 문제가 발생하게 될 것이다.

친구 중 한 명이 회사에서 경력사원 채용 심사를 한 이야기를 들려주었다.

지원자 중 이력이 굉장히 화려한 한 여성이 있었는데, 그녀는 명문대를 졸업했고, 첫 번째 다녔던 직장도 이름만 대면 누구나 다 알 만한 대기업이었다. 친구는 그 여성이 마음에 들어서 그녀와의 면접 시간이 기다려졌다.

면접을 하면서 친구는 그녀에게 전공과 관련된 질문을 몇 가지 했고, 그녀는 예상대로 막힘없이 대답을 술술 했다. 친구가 굉장히 만족스러운 표정을 짓자 그녀도 그제야 긴장이 풀린 듯했다. 그때 친구가 조금 편안한 질문을 하나 던졌다.

"전에 다니던 직장은 왜 그만뒀죠?"

"근무환경이 별로 좋지 않았습니다. 직속 상사도 일처리가 공정하지 못하고, 동료들은 대부분 나태하게 시간만 때우려고 해서 열심히 일하는 저만 손해더라고요. 반면, 귀사는 그런 면에서 분위기가 아주 좋다고 들었습니다. 기회를 주신다면 제 능력을 마음껏 발휘하고 싶습니다."

그 여성은 친구의 회사를 높이 평가하며 점수를 딸 요량이었던 것 같다. 하지만 친구는 그 대답을 듣자마자 그녀를 채용하지 않기로 마음먹었다고 한다. 친구는 자신이 그렇게 생각한 이유를 알려줬다.

"그 지원자는 나 듣기 좋으라고 그런 말을 했는지 모르지만, 어쨌든 누군가를 돋보이게 하기 위해 다른 사람을 짓밟을 필요는 없어. 더욱이 뒤에서 다른 사람들의 험담을 하는 것은 잘못된 일이야. 그녀의 이야기가 모두 사실일지 몰라도 정작 가장 중요한 이야기는 빼먹었거든. 자신이 얼마만큼 노력했는지에 관해서 말이야. 일의 책임을 다른 사람에게 미루기만 하는 사람은 아무도 좋아하지 않아."

직장생활을 하는 사람이라면 누구나 이 말을 깊이 새기고 마음가짐을 바로 세워야 할 것이다. 사람들은 흔히 직장생활에 관한 이야기를 할 때면 동료나 상사의 험담을 하고, 회사의 시스템이나 사회 구조의 불합리함 등에 대해 불만을 토로한다. 마치 일이 잘못된 데 자신의 잘못은 전혀 없는 것처럼 말이다. 하지만 만약 당신이 회사의 관리자라면 이런 사람에게 중요한 임무를 맡기겠는가?

세상일이 아무리 불공평하다 해도, 사람들이 아무리 사악하다 해도 우리 사회는 계속 돌아가야 하고 누군가는 일을 해야 한다. 그러므로 주변 사람들이 어떻든 스스로 노력하기를 포기해서는 안 된다. 그럴수록 열심히 노력해서 좋은 인상을 남기고 더 나은 대우를 받을 수 있는 길을 모색해야 한다. 마음속에 원망만 품고 노력하지 않는 사람은 상사 입장에서도 곁에 두고 싶지 않을 것이기 때문이다.

직장생활이 아무리 힘들다 해도 해결 방법은 반드시 있다. 내가 굳건한 의지를 가지고 있으면 다른 사람들이 어떻게 하든 영향을 받지 않을 수 있고, 내가 포기하지 않으면 스스로에게 재능이 없다는 생각이 들지도 않는다. 그러나 스스로 노력하기를 포기해버리면 그 누구도 당신을 구제해줄 수 없다.

내가 그녀를 처음 만난 건 전에 다니던 회사에서였다. 그녀는 서류 정리나 회사의 이런저런 잡무를 처리하는 일을 하고 있었고, 나와 자주 왕래할 기회는 없었지만 그녀를 볼 때마다 나는 '참 부지런하고 상냥한 아가씨'라고 생각했다.

내가 그녀에 대해 아는 것이라고는 고향을 떠나 멀리 이 도시까지 왔고, 내세울 만한 인맥이나 학벌도 없으며, 그렇다고 특별한 재주나 뛰어난 외모를 가진 것도 아니라는 정도였다. 솔직히, 쟁쟁한 인재들이 넘쳐나는 대도시에서 그녀의 조건으로 제대로 된 일자리를 구하는 것은 어려운 일이었다. 그래서 나는 그녀도 분명 다른 사람들처럼 얼마 버티지 못하고 고향으로 돌아갈 거라고 생각했다.

그러다 내가 먼저 회사를 옮기게 되었고, 그렇게 친한 사이는 아니었기 때문에 나는 그녀에 대해서는 잊고 지냈다.

그 후 2년 정도 지났을 때 한 포럼에 참가했다가 누군가 나를 불러서 돌아보니 그녀가 서 있었다. 나는 반갑게 인사하며 그동안 어떻게 지냈는지 물었고, 짧게나마 그녀의 이야기를 들을 수 있었다.

내가 회사를 옮기고 얼마 후 그녀도 회사를 나왔다고 한다.

단지 나와 달리 그녀는 회사에서 해고를 당했다. 컴퓨터 소프트웨어를 잘 다루지 못하는 그녀에게 사장님은 오피스 프로그램이라도 제대로 사용할 수 있을 때 다시 일자리를 알아보라고 말했다.

해고를 당한 뒤 그녀는 일자리를 알아보는 한편, 컴퓨터에 대해 배웠다. 하지만 어렵게 구한 두 번째 직장에서도 해고를 당했는데, 수습 기간을 채 마치기도 전이었다. 이번에는 컴퓨터 타자 속도가 달팽이만큼이나 느리다는 이유에서였다.

세 번째 직장을 구했을 때는 타자 속도도 빨라지고 오피스 프로그램도 능숙하게 사용할 줄 알게 되었지만, 이번에는 영어 실력이 발목을 잡았다. 회사에서는 그녀가 기본적인 업계 용어도 모른다면서 다른 일자리를 알아보라고 했다.

그녀가 말했다.

"작년 한 해 동안 직장을 네 번이나 바꿨는데, 모두 수습 기간이 채 끝나기도 전에 해고를 당했어요."

내가 안쓰럽다는 표정으로 말했다.

"1년을 그냥 허비하다니 정말 안됐네요."

"전혀요."

그녀가 웃으며 말했다.

"전 시간 낭비였다고 생각하지 않아요. 지금 다섯 번째 직장을 다니고 있는데, 여기서는 벌써 정직원으로 반년 넘게 일하고 있는 걸요. 그러니 그동안 저도 그만큼 발전했다는 의미겠죠."

그녀가 행복해하는 모습을 보고 있으니 나도 저절로 웃음이 나왔다. 그녀는 계속 넘어졌지만 꿋꿋하게 다시 일어섰다. 그리고 넘어지고 일어서는 과정에서 조금씩 성장해나갔다.

가장 중요한 것은 그녀가 넘어진 다음 다시 일어섰다는 것이다. 이것만으로도 그녀의 앞날에는 무한한 가능성이 있다고 말할 수 있다. 왜냐하면 앞으로도 그녀는 아무리 모진 시련이 닥쳐도 계속 그렇게 일어설 것이기 때문이다. 다시 일어설 용기를 가진 사람만이 승리의 기쁨을 누릴 자격이 있다. 그녀는 마땅히 그럴 자격이 있는 사람이다.

영국의 한 시인이 이렇게 말했다.

"평생 인생의 온갖 쓴맛을 경험하고도 여전히 한 손에 연장을 들고 무너진 인생을 다시 지어보겠다는 의지를 발휘하는 사람은 진정한 어른이 된 것이다."

내가 알던 그녀는 이미 진정한 어른이 되어 있었다. 당신은 어떤가?

뛰어난 재능을 가진 사람도, 지금 당장 내세울 만한 능력이 없는 사람도 지금보다 더 나은 사람이 되기 위해 노력을 멈춰서는 안 된다. 노력해서 지금보다 뛰어난 실력을 갖추고 좋은 인상을 남긴다면 아무리 가혹한 상사를 만난다고 해도 분명 좋은 기회를 얻을 수 있을 것이다. 그러므로 언제든 노력하는 것을 잊지 말자. 노력하지 않는 것이야말로 가장 큰 잘못이다.

노력에는
진지한 태도가
뒷받침되어야 한다

대학에서 생물학을 전공한 친구가 들려준 이야기다.

친구는 박사과정을 밟으면서 담당 지도 교수가 이끄는 중요한 프로젝트에 참여한 적이 있었다. 교수는 평소 연구 성과가 좋은 그 친구에게 큰 기대를 걸며 프로젝트의 핵심적인 실험을 전담하도록 했다. 그 실험은 인간의 세포주^{5}를 이용하는 것으로, 꼬박 1년의 시간이 걸리는 것이었다. 친구는 빠듯한 실험 일정을 맞추느라 매일 실험실에서 먹고 자면서 실험에 몰두했다.

1년 동안 그는 하루에 15시간 이상 실험에만 매달렸다. 그렇게 1년의 시간이 흘러 드디어 실험을 완성했고, 친구는 떨리는 마음으로 결과를 기다렸다. 그런데 실험 결과가 나오자 그는 당혹감을 감출 수 없었다. 실험 결과 '쥐의 단백질과 해당 질병은 밀접한 관련이 있다'라고 나온 것이었다. 분명 인간의 세포주로 연구를 했는데 쥐의 단백질이라니!

친구는 실험 과정을 다시 꼼꼼히 되짚어봤다. 그러나 그가 직접 진행한 실험이니만큼 누락된 과정을 발견할 수 없었다. 그래서 할 수 없이 실험에 사용했던 인간의 세포주를 가져와 염색체 검사를 해봤다. 그런데 검사 결과 친구가 1년간 매달 렸던 그 세포주는 인간의 것이 아니라 쥐의 것으로 밝혀졌다.

미스터리 소설 속 이야기도 아니고, 그렇다고 누군가 방해 하기 위해 일부러 실험 대상을 바꿔치기 할 만큼 엄청난 실험 도 아닌데 도대체 무슨 일이 있었던 것일까?

도무지 이해가 되지 않았던 친구는 문득 실험 준비를 하던 때가 떠올랐다. 그는 실험을 위해 인간의 세포주를 구입해야 했는데, 마침 옆 실험실에 있는 동료가 자기네 쪽에 남는 것이 많다며 냉장고 두 번째 칸 왼쪽에 있으니 가져다 쓰라고 했다. 친구는 실험 시간도 부족한데 잘 됐다 싶은 마음에 동료의 실 험실 냉장고에서 세포주를 가져와 실험을 시작했다.

문제는 분명 그때 일어난 것이었다. 평소에도 실험실 냉장 고에는 많은 세포주를 보관하고 있기 때문에 그 동료가 위치 를 잘못 기억하고 있었거나 누군가 필요한 것을 꺼내느라 위 치를 바꿔놓았을 수도 있을 것이다.

친구는 이런 생각이 들자 갑자기 후회가 밀려들었다. 만약 처음 세포주를 가져왔을 때 인간 세포주가 맞는지부터 확인 했더라면 좋았을 것을…. 그때는 잠깐의 방심이 1년 동안의 노력을 물거품으로 만들어버릴 줄은 생각도 못했었다.

결국 친구는 하는 수 없이 1년이 걸리는 실험을 다시 시작해야 했다. 그 후 그는 과거의 일을 교훈 삼아 똑같은 실수를 저지르지 않기 위해 더욱 진지한 자세로 실험에 임했다.

이런 식으로 얻은 교훈은 아마 평생 잊지 못할 것이다. 당신도 이런 경험을 한 적이 있는가? 하루 종일 열심히 시험공부를 했는데 범위를 잘못 알았다거나, 앞만 보고 죽도록 달렸는데 잘못된 방향으로 갔다거나 하는 일들 말이다. 한순간의 실수 때문에 그동안 쏟아부었던 노력이 모두 물거품이 된다는 것은 정말 안타까운 일이 아닐 수 없다.

프랭크 퍼듀는 미국에서 네 번째로 큰 가금류 회사인 퍼듀팜의 창업자로, 미국에서는 꽤 유명한 인물이다.

가금류 농장을 운영하던 프랭크의 아버지는 아들이 열 살이 되었을 무렵에 병아리 50마리를 주면서 직접 키워보라고 했다. 그러면서 나중에 병아리가 커서 알을 낳으면 그 수입은 가져도 좋다고 했다. 그러나 사실 아버지가 준 병아리들은 병약한 것들만 골라낸 탓에 커서 알을 낳을 수 있을지 없을지도 몰랐다.

그러나 어린 프랭크는 개의치 않고 병아리들을 정성껏 돌봤다. 특별히 더 좋은 사료를 가져다주기도 하고, 닭장 안도 깨끗이 청소해줬다. 그의 정성 어린 보살핌 덕분에 병약했던 병아리들은 건강한 닭으로 성장했고, 건강한 알을 낳았다. 아버지가 예상했던 것보다 훨씬 많은 수의 알이었다. 프랭크는 그 달걀을 팔아 매달 15달러 정도의 돈을 벌었다. 미국 대공

황기에 15달러는 꽤 큰돈이었다. 아버지는 프랭크를 크게 칭찬하며 농장의 다른 일들도 맡겼고 장차 가업을 물려받을 후계자로 키웠다.

나중에 프랭크는 그때의 일을 회상하며 당시 자신이 병아리들을 잘 키울 수 있었던 비결은 열심히 관찰한 덕분이라고 말했다. 아버지는 병아리 키우는 일에 전문가였지만 어린 프랭크는 병아리의 성장 과정에 대해 아는 것이 아무것도 없었다. 그래서 그는 병아리들을 자세히 관찰하기 시작했고, 이내 흥미로운 현상들을 발견했다. 예를 들어, 그는 관찰을 통해 병아리 수가 적은 닭장의 병아리들은 먹이를 많이 먹어 비교적 빨리 자란다는 것, 그리고 닭장 하나에 병아리 40마리를 수용하면 가장 효율적으로 병아리를 키울 수 있다는 것이었다.

이러한 관찰과 연구 덕분에 훗날 프랭크의 사업은 크게 성공할 수 있었다. 그는 자신의 성공이 진지한 태도와 노력 덕분이라고 말했다.

노력이라는 것은 땀 흘리며 일하는 것만을 의미하는 것은 아니다. 농부들만 해도 농작물 수확을 늘리기 위해서는 농작물을 자세히 관찰하며 문제점을 끊임없이 개선해나가야 한다. 더욱이 주로 사무실에서 일하는 사람들에게 노력이란, 진지한 태도와 전심전력을 다하려는 의지가 포함되어야 한다.

어떤 일을 하든 노력과 더불어 진지한 태도는 필수적으로 갖추어야 한다. 무작정 노력만 하고 세세한 부분을 놓친다면 결과에 심각한 영향을 줄 수도 있기 때문이다. 그러므로 노력을 기울이기 전에 먼저 그 일에 대한 진지하고 신중한 태도를 가져야 한다. 일의 결과는 내가 어떤 태도를 가졌느냐에 따라 달라지기 마련이다.

빨리 간다고
결과가 좋은 것은
아니다

직장생활을 하다 보면 스스로는 일을 꽤 잘한다고 생각하는데 왜 승진과 연봉 인상은 더디기만 한지 이해할 수 없을 때가 많을 것이다. 게다가 잘하려고 하면 할수록 동료들의 험담이 여기저기서 들려오기도 한다. 당신은 이 모든 것을 참아 넘기려고 하지만 이렇게 참는다고 해서 과연 나중에 보상을 받을 수 있을지 확신이 들지 않는다. 보상이 없다면 참을 이유가 없지 않겠는가?

하지만 참고 노력하는 사람에게는 반드시 보상이 돌아온다. 직장에서는 마지막에 웃는 자가 진정한 승자다. 그러므로 근시안적인 사고를 버리고 1년, 길게는 10년 후를 바라볼 수 있어야 한다.

무슨 일이든 멀리 봐야 하는 것처럼 직장생활도 마찬가지다. 직장이라는 곳은 변화무쌍하고, 매일 새로운 기회와 도전으로 가득 찬 곳이다. 현재 잘나가고 있는 사람이 계속 승승장구하리라는 법도 없고, 지금 능력을 인정받지 못하는 사람이라고 해서 후에 중요한 자리에 오르지 말라는 법도 없다.

직장생활은 장거리 달리기와 같다. 그래서 잠시 앞서나간다고 해서 마지막에 반드시 우승한다는 보장이 없고, 잠시 뒤처진다고 해서 영원히 뒤처지는 것도 아니다. 마음속에 간절한 꿈을 간직하고 절대 끝까지 포기하지 않는다면 최후의 승자가 되게 될 것이다.

나의 사촌동생 양양이 다니는 회사에는 늘 동생의 험담을 하고 다니는 샤오주라는 동료 직원이 있다고 한다. 양양과 그 동료는 둘 다 상사의 총애를 받고 있었다. 양양은 세련된 안목과 젊은이다운 활력이 있고, 디자인이 참신하고 대범하며, 전문성이 뛰어나다는 장점이 있었다. 반면 샤오주는 침착하고 일처리가 꼼꼼하며, 인맥이 비교적 넓다는 장점이 있었다. 인사평가 시기를 앞두고 상사는 두 사람 중 한 사람을 승진시켜야 했는데, 두 사람 다 능력이 출중했기 때문에 상사 입장에서는 둘 중 한 사람을 선택하기가 매우 어려웠다.

결국 상사는 시험을 보게 해서 점수에 따라 승진자를 결정하기로 했다. 양양은 시험을 본다는 말에 반가웠다. 시험이라면 어떤 것이든 자신 있기 때문이었다. 하지만 샤오주는 달랐다. 그녀는 영어 실력이 좋지 않은 데다 학교를 졸업한 지 오래돼서 시험에는 자신이 없었다.

그런데 시험 당일, 샤오주가 갑자기 병가를 내고 회사에 나오지 않았다. 그녀가 정말 몸이 아팠는지, 꾀병이었는지는 모르지만, 양양 혼자 시험을 치르는 것은 의미가 없었기 때문에 그날의 시험은 무산되었다.

그 후 상사는 누구에게 무슨 말을 들었는지, 시험을 다시 치르기 번거롭다며 승진자를 직원 투표를 통해 정하겠다고 했다. 투표 결과는 당연히 인맥이 넓은 샤오주의 승리로 끝났고, 그렇게 해서 샤오주가 양양을 제치고 먼저 승진하게 되었다.

그 일을 얘기하며 양양은 이를 악물고 내게 말했다.

"회사에 정말 실망했어. 샤오주가 득의양양하게 얼굴 치켜들고 다니는 꼴도 보기 싫어. 당장 그만둘 거야!"

내가 물었다.

"너 새로운 일자리는 구한 거야? 아직 안 구했으면 덜컥 사표부터 쓰지 말고 지금 있는 곳에서 더 많은 성과를 내서 더 높이 올라갈 발판을 마련해봐."

양양은 내 말에 조용히 고개를 끄덕였다. 그것이 양양에게는 힘든 일일 수 있을 테지만, 그래도 그간 직장생활을 하면서 화를 참고 견디는 법을 배운 모양이었다.

그리고 몇 달 후 양양이 기쁜 얼굴로 나를 찾아와 말했다. 업계에서 가장 큰 회사에서 양양의 작품을 보고 그녀에게 스카우트 제의를 했다는 것이었다. 연봉도 지금 회사의 두 배를 주고, 바로 책임총괄 직함을 달아주겠다고 했다고 한다.

양양이 말했다.

"만약 그때 샤오주가 아니라 내가 승진했다면 이직할 생각은 안 했을 거야. 그럼 지금처럼 좋은 기회를 얻을 수도 없었겠지. 이제 샤오주가 전혀 부럽지 않아. 아마 지금쯤 샤오주가 나를 엄청 부러워하고 있을 걸."

나도 함께 기뻐하며 말했다.

"그래. 마지막에 웃는 사람이 진짜 승자지!"

마지막에 웃는 사람이 되기 위해서는 먼저 인내하는 법을 배워야 한다. 화나고 실망했을 때 꾹 참는 것도 인내지만, 잘 나갈 때 득의양양하거나 자만하지 않는 것도 인내다. 인내할 줄 아는 사람만이 이성적인 판단을 할 수 있다.

양양과 같은 상황에 맞닥뜨렸을 때는 우선 인내하고, 한 걸음 물러나 큰 그림을 볼 수 있어야 한다. 앞뒤 생각하지 않고 감정적으로 나서는 것은 괜한 시간 낭비일 뿐이다.

인내했는데도 여전히 문제가 해결되지 않으면, 그 다음은 차분히 기다리는 것이다. 그런데 이때 그냥 기다리는 것이 아니라, 차분히 기다리면서 기반을 탄탄히 다져야 한다. 다른 사람들의 승진 속도는 신경 쓸 필요 없다. 무조건 빨리 간다고 결과가 좋은 것은 아니기 때문이다.

기반을 탄탄히 다졌다면, 그 다음에 할 일은 능력을 섣불리 드러내지 않는 것이다. 만약 당신의 뛰어난 능력을 상사보다 다른 동료들이 먼저 발견한다면 그들은 질투에 눈이 멀어 당신을 진흙탕에 빠뜨리려고 할지도 모르기 때문이다.

이런 음해와 모함에도 불구하고 끝까지 인내하고 현명하게 대처한다면 당신은 분명 마지막에 웃는 사람이 될 수 있을 것이다.

원망하는
마음만으로는
바꿀 수 있는 것이
없다

원망이라는 것은 어쩌면 타고나는 기술인지도 모르겠다. 어린아이는 제 잘못으로 시간 안에 숙제를 끝내지 못하고선 부러진 연필을 원망하고, 운전자는 운전 실수로 사고를 낸 것을 괜히 도로 위에 패인 작은 웅덩이를 원망한다. 일이 잘못되면 애꿎은 날씨를 원망하고, 기분이 좋지 않은 날에는 게으른 남편을 원망하며 잔뜩 화풀이를 한다. 무엇보다 사람들은 얼마나 자주 하늘을 원망하는가!

한 엄마가 인형처럼 예쁜 아이를 안고 전철에 올랐다. 동료와 함께 좌석에 앉아 있던 나는 얼른 아이 엄마에게 자리를 양보하고는 그 귀여운 아이를 보면서 말했다.
"정말 귀엽게 생겼구나."
나는 아이랑 까꿍 놀이를 하며 놀아주다가 아이를 한번 안아보려고 두 팔을 뻗었다. 그러자 옆에 있던 동료가 얼굴을 찌푸리며 내 팔을 붙잡았다.

"그냥 놔둬. 네가 안아줬다가 괜히 울기라도 하면 어쩌려고? 애들 울면 정신이 하나도 없단 말이야. 요즘 어딜 가나 애들 우는 소리 때문에 짜증나. 조용히 좀 살자."

이처럼 귀여운 아이를 보고도 원망을 늘어놓을 수 있다니! 정말 놀라운 일이었다.

사람들은 이렇게 끊임없이 불평하고 원망한다. 그런다고 상황이 달라지지 않는다는 것을 알면서도 말이다. 그런데 원망은 중독성이 있어서 우리 뇌가 원망에 한번 중독되고 나면 인생의 태도와 행동도 그 강력한 독성에 감염되게 된다. 원망은 사람의 힘과 의지를 소모시키며, 제방을 무너뜨리고 수해를 일으키는 개미처럼 정신을 조금씩 갉아먹어 결국 인생을 크나큰 재해에 휩쓸리게 만든다.

한 젊은 수도사가 침묵을 가장 큰 규율로 여기는 수도원에 들어갔다. 이 수도원에서는 수도원장의 허락이 있을 때에만 말을 할 수 있었다.

5년 후 수도원장이 젊은 수도사에게 말했다.

"하고 싶은 말이 있으면 한마디만 해보세요."

수도사는 신중하게 생각하고는 이렇게 말했다.

"침대가 너무 딱딱합니다."

수도원장이 잠시 고민하더니 대답했다.

"침대가 불편했다니 유감이네요. 당신의 침대를 바꿔줄 수 있나 알아보도록 하죠."

수도원에 들어온 지 10년째 되던 해에 수도원장이 다시 젊은 수도사에게 말했다.

"하고 싶은 말이 있으면 한마디만 해보세요."

수도사가 말했다.

"발이 시렵습니다."

수도원장이 대답했다.

"문제를 해결할 방법을 찾아보죠."

그리고 수도원에 들어온 지 15년째 되던 해에 수도원장이 다시 젊은 수도사에게 말했다.

"하고 싶은 말이 있으면 한마디만 해보세요."

수도사가 말했다.

"떠나고 싶습니다."

수도원장이 말했다.

"그게 좋겠군요. 당신은 이곳에 와서 불평한 것 외에는 한 일이 없으니까요."

어쩌면 우리의 인생도 이 젊은 수도사처럼 자기도 모르는 사이에 온갖 불평과 원망으로 가득 차 있는지도 모른다. 젊은 수도사는 자신의 생활환경에 불만을 갖고 있었지만 사실 다른 수도사들이라고 해서 그보다 나은 환경에서 생활하고 있는 것은 아니었다. 젊은 수도사보다 나이가 훨씬 많은 수도사들도 똑같이 열악한 환경에서 생활했지만 불평하는 사람은 없었다.

나 혼자서만 열악한 환경에서 오염된 공기를 마시고 형편 없는 음식을 견디며 사는 것은 아니다. 지구상에 있는 모든 사람들은 각자 저마다 불편하고 힘든 상황을 견디며 살아간다. 그러니 불평하고 원망하고 싶은 마음이 들 때는 지구상에 수억 명의 사람들이 나와 같은 고통을 견디며 살고 있다는 사실을 떠올려보라. 그러면 원망하는 것이 얼마나 무의미한 일인지 알게 될 것이다. 대신 원망하기를 멈추고, 세상을 바라보는 시선과 문제를 해결하는 방법을 바꾼다면 자기 자신뿐만 아니라 주변 사람들의 기분까지 좋아지게 된다.

예전에 여행을 떠났다가 기상이 악화되는 바람에 공항에서 장시간 대기를 한 적이 있었다. 갑작스럽게 항공편이 취소되고 출발 시간이 지연된 통에 공항은 온통 아수라장이었다. 다행히 나는 표를 미리 확보해둔 터라 게이트 옆에 앉아 여유롭게 비행기를 기다리고 있었다.

그때 체크인 카운터에 앉아 수많은 사람들의 원성을 듣고 있는 항공사 직원이 보였다. 사람들은 마치 궂은 날씨와 항공편 취소가 모두 그녀의 탓이라도 되는 것처럼 원망과 하소연을 그녀에게 늘어놨다. 항공사 직원은 얼굴이 벌겋게 상기되어 금방이라도 울음을 터트릴 것 같은 표정을 짓고 있었다. 그때 내 머릿속에 좋은 아이디어가 떠올랐다.

나는 자리에서 일어나 카운터에 길게 늘어선 사람들 뒤에 줄을 서서 차례를 기다렸다. 한참 뒤 드디어 내 차례가 되었다. 카운터에 앉아 있던 항공사 직원은 피곤한 눈으로 나를 올려다보며 물었다.

"무엇을 도와드릴까요, 손님?"

나는 그녀에게 5분 동안 휴식시간을 주고 싶어서 왔다고 말하며, 나와 대화를 나누는 동안 계속 바쁜 것처럼 보이게 행동하라고 말했다. 내 말에 그녀는 컴퓨터 자판을 열심히 두드리는 시늉을 하며 나와 대화를 나눴다. 나는 그녀에게 모든 사람들이 그녀의 하루를 망치려 작정하고 달려들더라도 누군가는 진심으로 그녀를 걱정하고 생각해주는 사람이 있다는 것을 알려주고 싶었다. 그리고 그녀에게도 삶의 의미를 갖게 하는 소중한 무언가가 분명 있을 테니 그것들을 생각하며 오늘 이곳에서 일어난 일들에 대해서 너무 마음 쓰지 말라고 말했다. 우리는 그렇게 몇 분간 대화를 나눴고, 그녀는 계속 바쁘게 일을 처리하는 것처럼 행동했다.

짧은 시간이었지만 그녀는 어느 정도 진정된 것처럼 보였다. 그녀는 눈물이 그렁그렁한 눈으로 나를 바라보며 말했다.

"정말 고맙습니다. 어떻게 보답해드려야 할지 모르겠네요."

나는 보답하고 싶다면 좋은 방법이 있다며, 앞으로 살면서 무슨 일이 생겨도 원망하거나 불평하는 마음을 갖지 말라고 말했다. 세상에 나 혼자만 힘든 것은 아니기 때문이다.

마지막으로 나는 그녀에게 남은 하루를 잘 보내라고 응원하고는 다음 사람에게 순서를 넘겼다.

포르투갈의 시인이자 작가인 페르난도 페소아는 "진정한 경관은 우리 스스로 만들어내는 것이다. 우리가 그것들의 창조주이기 때문이다"라고 말한 바 있다. 그의 말처럼 우리 각자는 자신만의 인생을 창조해나가는 진정한 창조주다. 똑같은 인생이라도 어떤 마음가짐을 갖고 살아가는가에 따라 그 모습이 달라진다. 괴롭고 피곤한 인생을 살 것인지, 편안하고 즐거운 인생을 살 것인지는 순전히 우리 마음가짐과 태도에 달려 있다.

한 노부인에게 두 명의 딸이 있었다. 그중 큰딸은 우산을 파는 남자와 결혼을 하고, 작은딸은 염색 가게를 하는 남자와 결혼을 했다. 딸들이 출가하고 나면 걱정거리가 없을 줄 알았던 노부인은 딸들을 결혼시키고 나서 하루도 근심 걱정 없는 날이 없었다. 날씨가 맑으면 큰딸네 우산이 잘 팔리지 않을까봐 걱정이었고, 날씨가 흐리면 작은 딸네 염색 가게의 옷들이 잘 마르지 않을까봐 걱정이었던 것이다. 날씨가 맑으나 흐리나 딸들 걱정에 여념이 없던 노부인은 어느새 머리가 하얗게 새고 말았다.

하루는 노부인의 친구가 놀러왔다가 부쩍 늙어버린 그녀의 모습을 보고는 깜짝 놀라 그 이유를 물었다. 친구는 노부인의 이야기를 듣고 이렇게 말했다.

"날이 흐리면 큰딸네 우산이 잘 팔리니 기뻐하고, 날이 맑으면 작은딸네 염색 가게의 옷이 잘 마르니 기뻐하면 되잖아. 그럼 매일매일 즐겁게 보낼 수 있지 않을까?"

노부인이 환하게 웃으며 대답했다.

"그 말이 맞네!"

그날 이후 노부인은 매일매일 행복하게 보낼 수 있었다.

원망하면서 살 것인지, 감사하면서 살 것인지는 어떤 환경, 조건에서 사는가가 아니라 우리의 태도에 의해 결정된다. 행복한 사람은 감사하는 마음과 희망을 안고 살아가지만 불행한 사람은 늘 남과 비교하면서 자신의 처지를 원망할 뿐이다. 원망하면서 남을 탓하는 태도를 버리고 밝고 긍정적인 마음으로 살아간다면 세상이 훨씬 더 아름답게 느껴질 것이다.

의미 없는
분주함에서
벗어나자

'시간은 금'이라고들 한다. 많은 사람들이 자신에게 주어진 시간을 최대한 효율적으로 사용하려고 하고, 시간을 그냥 무의미하게 흘려보내지 않으려고 애쓴다. 그래서 하루를 바쁘게 보내려고들 한다. 바쁘지 않으면 큰일이라도 나는 것처럼 말이다. 하지만 많은 사람들이 사실 '쓸데없이', '공연히' 바쁘게 살아간다.

　어쩌면 우리는 '바쁘다'라는 단어의 진정한 의미를 알지 못하는 것일 수도 있다. '바쁘다'는 것은 자신의 시간을 빈틈없이 사용하는 것이 아니라 일정 시간을 특정 목표를 위해 노력하는 상태를 의미한다. 바쁘게 사는 것이 우리의 삶을 충만하게 만들어줄 수도 있지만 단순히 다른 사람들에게 중요한 일을 하는 것처럼 보이기 위해 바쁜 것은 진짜로 바쁜 것이 아니다. 만약 지금 당신이 매일 정신없이 바쁘다면 자신의 일과 생활 습관을 한번 돌아보기를 바란다.

혹시 책상에 잔뜩 쌓여 있는 서류 더미를 보면서 한숨을 쉬어본 적 있는가? 서류 더미가 쌓이게 되면 마음만 급해질 뿐, 막상 어디서부터 손을 대야 할지 모르게 된다. 이럴 때는 어떻게 해야 할까?

먼저 책상을 정리하는 데서부터 시작해보자. 처리해야 할 모든 서류들을 책상 위에 올려놓은 다음 급하게 처리해야 할 것들만 남겨놓고 나머지는 서랍 속에 잠시 넣어두는 것이다. 이렇게 정리만 해도 일이 훨씬 수월하게 느껴질 것이다.

시카고에서 큰 회사를 경영하는 회장이 어느 날 심각한 신경쇠약 증상 때문에 유명한 정신과 의사를 찾아갔다. 회장이 박사에게 자신의 증상을 이야기하려고 하는데 갑자기 전화벨이 울렸다. 병원 어딘가에서 급하게 박사를 찾는 전화였다. 박사는 서둘러 전화로 도움을 주고 전화를 끊었다. 그런데 조금 있다가 다시 전화벨이 울렸고, 박사는 하는 수 없이 다시 전화를 받았다. 얼마 후 박사가 전화를 끊고 자리에 앉으려고 할 때 이번에는 그의 동료 의사가 환자의 상태에 대해 급하게 조언을 구할 것이 있다며 찾아왔다. 회장은 할 수 없이 혼자 십여 분을 멍하니 앉아 있어야 했다. 잠시 후 급한 볼일을 모두 처리한 박사는 자리에 앉으며 회장에게 연신 죄송하다고 사과했다. 그런데 회장의 반응이 의외였다.

"괜찮습니다. 방금 저는 박사님을 보면서 제 병의 원인을 찾았습니다. 이제 회사로 돌아가면 제 업무 습관을 조금 바꿔보려고 합니다. 아, 그 전에 실례가 되지 않는다면 박사님의 책상 서랍을 열어봐도 괜찮겠습니까?"

박사는 흔쾌히 책상 서랍을 열어 보여주었다. 서랍 안에는 종이와 펜 등 사무용품 몇 가지만이 가지런히 놓여 있었다.

회장이 의아하다는 표정으로 물었다.

"아직 처리하지 못한 서류나 편지 같은 건 없나요?"

박사가 대답했다.

"다 처리해서 없는데요."

그로부터 6주 후 회장은 박사를 회사로 초대했다. 그는 병원에 왔을 때와 달리 밝고 건강해 보였다.

회장은 자신의 책상 서랍을 열어 박사에게 보여주며 말했다.

"예전에 저는 사무실 두 곳에 책상을 세 개나 놓고 사용했습니다. 그리고 서랍 속은 언제나 처리하지 못한 서류들로 가득했죠. 저는 그것들을 처리할 시간도, 마음도 없었습니다. 박사님께 상담을 받으러 다녀온 날 이후 저는 그 오래된 서류와 보고서 들을 모두 꺼내 처리했습니다. 지금은 책상을 한 개만 쓰고 있고, 일은 생기는 즉시 처리하고 있죠. 그래서 더 이상 쌓여 있는 일에 대한 압박감이 없습니다."

유에스스틸의 회장을 지낸 H. P. 하웰은 취임 초기에 이사회를 진행하면서 심각한 문제를 발견했다. 그것은 회의를 할 때마다 해결해야 할 안건이 너무 많아 회의 시간은 길어지는데 정작 해결되는 문제는 거의 없다는 것이었다. 결국 이사들은 더 많은 일들을 집으로 가져가야만 했다.

하웰은 고민 끝에 한 번 회의를 할 때마다 한 가지 안건에 대해서만 토론하고, 그 자리에서 결론을 내리자고 제안했다. 물론 회의에서 결론을 내린다 해도 후속 작업이 필요한 일들도 있었지만, 이 방법은 굉장히 효과가 있었다. 이사회는 그동안 산적해 있던 문제들을 하나씩 해결해나갔고, 이사들은 더이상 일거리를 집으로 가져가지 않을 수 있게 되었다.

책상 위에 늘 온갖 서류와 물건들이 어지럽게 놓여 있는 사람이라면 지금 당장 해야 할 일만 남겨두고 책상을 깨끗이 정리해보라. 그러면 업무 효율이 높아지고 실수도 훨씬 줄어들 것이다. 이것이 바로 효율을 높이는 첫걸음이다.

하지만 효율을 높이는 것만으로는 부족하다. 아무리 바빠도 흐트러짐 없이 효율적으로 일하기 위해서는 나만의 계획이 필요하다.

어려운 환경에서 자수성가한 찰리 루크먼은 12년 동안 각고의 노력을 한 끝에 퍼솔이라는 회사의 회장이 되었다. 사람들이 루크먼에게 성공 비결이 무엇인지 물었을 때 그는 이렇게 대답했다.

"저는 매일 새벽 5시에 일어나 하루를 준비했습니다. 그 시간에 머리가 가장 맑기 때문에 차분하게 그날 해야 할 일들을 정리하고 계획을 세웠죠."

미국에서 '보험왕'으로 유명한 프랭크 베트거 역시 매일 새벽 5시가 되기 전에 그날의 계획을 모두 세웠다고 한다. 그는 매일 자신이 판매해야 할 보험액을 정해놓고 그날 목표를 달성하지 못하면 다음 날의 목표액을 그만큼 높여 잡았다.

좋은 습관을 만드는 것은 나쁜 습관을 기르는 것보다 훨씬 어려운 일이다. 특히 시간 관리 측면에서 나쁜 습관을 가지고 있는 사람들이 많다. 이러한 습관은 타고나는 것이 아니라 자라면서 서서히 만들어지는 것이다. 따라서 열심히 노력해서 고쳐나가야 한다. 그렇지 않으면 평생 나쁜 습관의 영향에서 벗어날 수 없게 된다.

지금 당장 복잡하고 어지러운 책상 위를 정리하고 의미 없는 분주함에서 벗어나보자. 그렇게 하면 일의 효율은 높아지고 인생의 무게도 훨씬 가볍게 느껴질 것이다.

그냥 노력하지 말고
처음부터 끝까지
노력하라

1968년 멕시코에서 올림픽이 열렸다. 남미 국가의 특수한 지리적, 기후적 특성 때문인지 그해 올림픽에서는 육상 종목들의 성적이 좋았다. 다만 마라톤 경기는 예외였다. 마라톤에서 1등을 차지한 선수의 기록은 2시간 20분 26초 4였는데, 4년 전 도쿄 올림픽 금메달리스트가 기록한 2시간 12분 11초 2보다 한참 뒤진 기록이었다. 그래서 기자들조차 동메달까지의 기록이 발표된 후로는 더 이상 그 경기에 큰 관심을 갖지 않았다. 관중들도 신기록은커녕 저조한 기록 때문에 흥미를 잃고 경기가 종료되기 전에 하나둘 경기장을 떠났다.

메달 수여식이 끝나고 관중마저 대부분 경기장을 떠나자 올림픽조직위원회에서는 마라톤 코스에 설치된 서비스 데스크를 철수하라고 통보했다. 이때 놀라운 소식이 전해졌다. 아직 한 선수가 달리고 있다는 것이었다!

한 선수가 마라톤 코스 19킬로미터 지점에서 다른 선수와 부딪혀 넘어지는 바람에 무릎에 부상을 입어 피가 나고 어깨가 탈골되었는데, 그 상태에서도 계속 달리고 있다는 소식이었다.

존 스티븐 아쿠와리라는 이름의 이 선수는 절뚝거리면서도 경기를 포기하지 않고 달렸다. 함께 달리던 다른 선수들보다 점점 뒤처졌고, 앞서가던 선수들은 물론 관중들도 더 이상 보이지 않았지만 그는 달리기를 멈추지 않았다. 해가 지고 어둠이 내려앉았지만 아쿠와리는 여전히 피투성이 무릎으로 절뚝거리며 고통스러운 경주를 계속하고 있었던 것이다.

그 소식을 전해 들은 기자들은 서둘러 아쿠와리를 취재하러 달려갔다. 기자들은 그에게 왜 이런 승산도 없는 달리기를 계속하고 있는지 물었다. 아쿠와리는 기자들의 갑작스러운 질문에 말없이 달리기만 하다가 나중에 이렇게 말했다.

"제 조국에서는 경기에 출전만 하라고 저를 7,000마일이나 떨어진 이곳에 보낸 게 아닙니다. 제가 해야 할 일은 이 경기를 끝내는 것입니다."

새로운 뉴스에 목말라 있던 기자들은 그의 이야기를 곧바로 전 세계로 내보냈다. 물론 이 소식은 올림픽 뉴스 센터에도 전해졌고, 이 뉴스를 접한 시민들은 하나둘 거리로 나와 이 용감한 선수에게 박수와 환호를 보냈다. 수많은 관중들의 환호 아래 아쿠와리는 드디어 아즈텍 스타디움에 들어섰다. 그는 검붉은 피가 흐르는 무릎으로 젖 먹던 힘까지 끌어 모아 마지막 트랙을 돌았다. 그가 결승선을 통과하는 순간, 관중들은 크게 환호했다. 그는 비록 꼴등으로 결승선을 통과했지만 1등으로 통과한 선수보다 더 큰 응원과 박수를 받았다.

아쿠와리는 이 경기가 끝난 뒤 얼마 후 은퇴해 그의 고향 탄자니아에서 '존 스티븐 아쿠와리 재단'을 설립했다. 이 재단을 통해 그는 자국 선수들이 세계 대회에 출전해 더 좋은 성적을 거둘 수 있도록 도왔다.

우리 몸에서 가장 강한 근육은 바로 마음이다. 모든 근육을 다 사용할 수 없게 되더라도 마음이 움직이고 있다면 계속 노력할 수 있다. 대부분의 사람들이 하는 노력은 '처음부터 끝까지 노력했어'가 아니라 '노력해봤어' 정도에서 끝나는 것이 보통이다.

어느 회사의 대표가 중요한 계약을 맺기로 한 거래처 사장의 메일을 기다리고 있었다. 그러나 아무리 기다려도 메일이 오지 않자 초조한 마음에 비서에게 어떻게 된 일이냐고 물었다. 그러자 비서는 제대로 알아보려는 노력도 하지 않고 이렇게 말했다.

"메일함이 가득 찼나보죠."

대표는 화가 났지만 아무 말도 하지 않고 가서 상황을 알아보고 오라고 말했다.

그렇게 일주일이 지났지만 대표는 여전히 메일을 받지 못했고, 비서에게 다시 물었다. 하지만 이번에도 그녀는 메일함이 가득 찬 것 아니냐는 말만 되풀이했다. 물론 진짜 원인은 비서가 진작 상황을 제대로 확인하지 않았기 때문이었다. 결국 오랫동안 준비해온 계약은 물거품이 되었고 대표는 화가 머리끝까지 나서 비서를 해고했다.

하지만 그녀도 처음부터 일을 대충대충 했던 것은 아니다. 일을 처음 시작했을 때는 무슨 일이든 최선을 다해 세심하게 처리했다. 그러나 시간이 흘러도 월급과 직위는 그대로였고, 그녀는 점차 열정을 잃어갔다. 월급을 올려주지 않는 상사에 대한 알량한 복수심에 일도 대충대충 했다.

그러나 꼭 이런 비서만 있는 것은 아니다.

독학사 제도를 통해 학사 학위를 받고 한 회사에 입사한 직원이 있었다. 그녀는 원래 사장 비서직을 지원했지만 회사에서는 그녀에게 일반 사무 업무를 맡겼다. 그녀가 종일 하는 일은 팩스를 보내고 복사를 하는 등의 단순한 업무였다. 처음에는 하고 싶었던 일이 아니어서 이 일을 계속해야 하나 망설였지만 그녀는 이내 마음을 다잡고 맡은 일에 최선을 다했다. 취업하기도 어려운 요즘 같은 때에 일할 기회를 얻은 것만으로도 다행이라고 생각한 것이다. 게다가 자신은 정식으로 대학을 졸업한 것도 아니기에 그 기회가 더 소중하게 여겨졌다. 그녀는 주어진 일들을 언제나 제시간에 꼼꼼하게 완성했고, 번거롭고 자질구레한 일들도 불평 없이 해냈다.

그렇게 몇 년의 시간이 흘렀다. 어느 날 사장이 그녀에게 계약서 한 장을 건네며 복사를 해오라고 지시했다. 그녀는 복사를 하기 전에 계약서를 꼼꼼하게 한번 훑어봤다. 그 사이에 사장은 급한 건이라며 옆에서 계속 재촉했다. 그런데 그때 그녀가 계약서가 잘못된 것 같다며 사장에게 계약서를 다시 보여줬다. 사장은 계약서를 다시 확인하고는 깜짝 놀랐다. 원래 계약하기로 한 금액에 '0'이 하나 더 붙어 있었던 것이다. 덕분에 회사는 큰 손실을 막을 수 있었고, 그녀는 바로 승진과 동시에 사장 비서실로 자리를 옮겼다.

앞의 두 이야기에서 한 명의 비서는 해고를 당하고, 한 명의 비서는 승진과 함께 자기가 하고 싶었던 일을 할 수 있게 되었다. 과연 두 사람에게는 어떤 차이가 있었을까?

그건 바로 태도의 차이다. 끝까지 열심히 노력한 사람만이 중대한 임무를 맡을 자격이 있다. 업무 태도가 한결같지 않고 좋았다 나빴다 한다면 어떻게 다른 사람의 신뢰를 얻을 수 있겠는가!

노력은 일종의 태도이자 성품이다. 이 두 가지가 결합될 때 진정한 노력을 했다고 할 수 있다. 작심삼일 식의 꾸준하지 못한 노력은 진정한 노력이 아니다. 사람들은 굉장히 많은 노력을 기울였음에도 성과가 없으면 자신의 운이나 신의 불공평함을 탓하기 시작한다. 그러나 혹시 자신이 정말로 꾸준히 노력했는지 반성해본 적은 있는가?

오래전 내가 아직 학생이었을 때의 일이다. 나는 토플 시험을 보려고 준비하고 있었는데, 아무리 공부를 해도 영어 실력이 눈에 띄게 좋아지는 것 같지 않았다. 학교 성적은 좋은 편이었는데, 토플 점수가 안 나오자 나는 답답했다. 그런데 생각해보니 그동안 내가 학교 성적을 좋게 받았던 것은 사실 벼락치기 실력이 좋았기 때문이었다는 것을 깨달았다. 다시 말해

나는 단기 성과는 좋았지만 끈기가 부족했고, 그나마 외적인 동기가 있어야만 노력을 하는 편이었다. 그러다 보니 영어의 기초가 탄탄하지 못했고, 장기적인 학습 계획을 세워 공부해야 하는 토플 시험 준비는 길게 하지 못하고 쉽게 지쳐버리는 것이었다.

비록 토플 시험은 포기했지만 그 후 나는 일을 할 때나 일상생활 속에서 끊임없이 이렇게 되뇌곤 한다.

'진정한 노력은 꾸준히 하는 거야.'

혹시 당신이 해도 해도 안 돼서 중간에 포기한 일이 있다면 정말 죽을힘을 다해 노력했었는지, 아니면 적당히 노력했었는지 생각해보라. 양적 변화에서 질적 변화에 이르려면 끊임없이 노력해야 한다. 그리고 그 노력이 조금씩 쌓여 탄탄한 기반이 만들어져야 성공에 이를 수 있다. 이 과정은 결코 쉽지 않지만 충분히 가치 있는 일이다. 그러니 다음에 무슨 일을 하다가 혹시 포기하고 싶은 마음이 생긴다면, 그때는 이를 악물고 조금만 더 노력해보라. 놀라운 일이 펼쳐질 것이다.

PART 3.

나답게 살 때 기회비용이 가장 적게 든다

"

큰길이 되지 못하면 작은 오솔길이 되고,
태양이 되지 못하면 작은 별이 되면 그만이다.
성공과 실패의 척도는 눈에 보이는 크기가 아니라
얼마나 나답게 했느냐에 달려 있다.

-플라톤

"

나답게 살 때
기회비용이
가장 적게 든다

급하고 중요한 일일수록 절대 서두르지 말고, 복잡한 일일수록 단순하게 생각해야 한다. 이미 복잡하게 얽히고설킨 문제는 최대한 단순한 방법으로 접근해야 한다. 그러지 않으면 문제는 더욱 뒤죽박죽 엉키고 만다.

세상이 복잡할수록 어린아이와 같은 방식으로 사고를 할 필요가 있다. 어린아이처럼 생각하면 어지럽고 복잡한 것들은 걸러지고 사물의 본질만 볼 수 있게 되기 때문이다. 그러면 인생이 훨씬 즐겁고 행복해진다. 그래서 나는 모든 일을 단순하게 생각하려고 노력한다. 그러나 모든 사람들이 다 그러는 것은 아니다.

한번은 회식 자리에서 취기가 오른 상사 한 분이 내게 이렇게 말했다.

"자네는 도통 속을 알 수 없단 말이야."

나는 그 말을 듣고 깜짝 놀랐다. 그 상사는 회사에서 노련하고 사람들을 잘 꿰뚫어 보기로 유명한 분인데, 내 속을 모르겠다니! 그것도 나처럼 단순한 사람을 말이다.

상사는 내게 한 가지 예를 들어줬다.

"지난 번 회의 때 사장님 앞에서 자네가 샤오장을 칭찬했잖아. 그런데 나는 도대체 자네가 무슨 의도로 그랬는지 도무지 모르겠더라고."

나는 그 말을 듣고 한 번 더 놀랐다. 내가 샤오장을 칭찬한 것은 입사한 지 얼마 안 된 직원이 일을 제법 잘하기에 격려 차원에서 그랬던 것뿐이다. 그런데 거기에 무슨 의도가 있단 말인가!

사람의 마음은 이렇듯 복잡하다. 마음이 복잡한 사람은 무슨 일이든 단순하게 생각하지 못할뿐더러 다른 사람의 단순함도 이해하지 못한다. 얼마나 피곤한 인생인가?

어린아이에게 10캐럿짜리 다이아몬드와 유리구슬을 놓고 고르라고 하면 분명 유리구슬을 택할 것이다. 이유는 단순하다. 유리구슬이 갖고 놀기에 더 좋기 때문이다. 그러나 어른들은 이런 생각을 절대 이해하지 못할 것이다.

그렇다고 정말 어린아이처럼 행동하라는 것은 아니다. 아이들은 화가 나면 깊이 생각하지 않고 상대방에게 '너랑 안 놀아!'라고 말한다 . 또 즐거운 일이 있을 때는 때와 장소를 가리지 않고 큰 소리로 웃기도 하고, 슬플 때는 아무리 달래도 크게 울어버린다. 당신은 이렇게 살 수 있겠는가? 분명 그렇게 하지 못할 것이다. 왜냐하면 사람들이 당신에게 기대하는 것은 어른다운 모습일 테니 말이다.

그러나 우리 마음속에 아이와 같은 단순함과 순수함은 남겨 놓을 수 있다. 애써 꾸미거나 감추지 않고 진짜 자기 자신의 모습으로 살아가는 것이야말로 스스로를 사랑하는 가장 좋은 방법이다.

어릴 적에는 누구나 즐겁고 행복하다. 그러다 나이가 들수록 점점 근심과 걱정이 많아진다. 어른들은 사는 게 힘들고 피곤하다고 불평한다. 다른 사람 눈치도 봐야 하고, 그들의 말속에 담긴 의도도 파악해야 하고, 자신의 진짜 마음을 들켜서도 안 된다. 이렇게 가식적인 삶이 싫어도 다른 방도가 없다.

사람들은 이것이 어른들이 사는 방법이라고 말한다. 하지만 어른은 반드시 이렇게 살아야 한다고 누가 그랬던가? 어른은 어린아이처럼 단순하게 생각하고 단순하게 일처리를 하면 안 되는가?

예전에 내가 한창 취업 준비를 할 때 주변 어른들과 친구들이 면접 잘 보는 여러 팁을 알려준 적이 있다. 그런데 너무 많은 사람들의 의견을 듣다 보니 도움이 되기는커녕 머리만 더 복잡해졌다. 그래서 나는 있는 그대로의 내 모습을 보여주기로 결심했다. 어차피 일을 하다 보면 내 진짜 본색이 모두 드러나게 되어 있으니 말이다. 그러니 처음부터 자기의 진짜 모습을 보여주고 자신이 그 일을 하기에 적합한 사람인지 그들이 판단하도록 해야 한다.

나는 면접관이 내 단점에 대해 물었을 때 사람들이 알려준 모범답안 대신에 솔직하게 대답했다.

"저는 성격이 급한 편입니다. 그래서 누군가에게 같은 이야기를 세 번이나 했는데 알아듣지 못하면 초조해집니다. 또 숫자에 조금 둔감한 편이고…."

나는 내가 가진 단점들을 가감 없이 이야기했고, 당당하게 면접에 합격했다. 나중에 면접관이 내게 말했다.

"린야 씨는 면접관들을 바라보는 눈빛이 굉장히 진실돼 보였어요. 자신을 애써 포장하려 하지도 않고 마음이 아주 편안해 보였죠. 그래서 면접관들 모두 당신에게 호감을 가졌어요."

사람이 너무 순진하게 자신의 모습을 그대로 다 드러내면 손해를 본다고 걱정하는 사람들도 있다. 그러나 그런 걱정은 할 필요가 없다. 경제학적인 관점에서 봐도 '나답게 살 때 기회비용이 가장 적게 든다'는 말도 있다.

복잡하게 생각하지 말고 자신의 모습을 있는 그대로 보여주다 보면 마음이 편안해지고 인생이 훨씬 쉽게 풀리는 것을 느끼게 될 것이다. 단순하게 생각하는 것은 인생을 더 잘 살기 위해 반드시 필요한 지혜다.

작은 새 한 마리와 독수리 한 마리가 있었다. 둘은 늘 바다 건너에 어떤 세상에 있을까 궁금해 하다가 직접 건너가 보기로 했다. 작은 새와 독수리는 누가 먼저 바다 건너에 도착하는지 시합을 하기로 하고 집으로 돌아가 떠날 채비를 했다.

독수리는 생각했다.

'바다를 건너려면 보름 정도 걸리는데, 가는 길에 밥도 먹어야 하고, 쉬기도 해야 하고, 부상을 입을 수도 있으니 든든히 채비해야겠어!'

그래서 독수리는 넉넉한 식량과 물을 가득 채운 물병 그리고 비상시를 대비해 각종 약품도 챙겼다. 게다가 쉴 때 쓸 나무로 된 작은 새장까지 챙겼더니 가방이 가득 찼다. 그런데 가방을 다 챙기고 보니 가방이 너무 무거워서 도저히 날 수가 없었다. 그렇다고 필요한 물건들을 빼놓고 출발할 수는 없었다. 독수리는 고민에 빠졌다.

그 사이에 작은 새는 이미 출발해 바다를 건너가고 있었다. 작은 새는 모든 것을 단순하게 생각했다. 날아가다가 피곤하면 바다 위에서 쉴 수 있게 물에 뜨는 나뭇가지 몇 개만 챙겼을 뿐이다. 작은 새는 힘들면 바다 위에서 잠시 쉬었고, 목이 마르면 바닷물을 마셨다. 보름 후 작은 새는 바다 건너편에 무사히 도착했다.

반면 독수리는 가방 때문에 고민하느라 아직 출발조차 못하고 있었다.

우리는 때때로 이 이야기 속의 독수리처럼 생각이 너무 많고 복잡해서 첫걸음조차 떼지 못할 때가 있다. 조금만 단순하게 생각하면 벌써 바다 건너편에 도착하고도 남았을 텐데 말이다.

강한 실행력 또한 단순한 생각에서 나온다. 그러므로 우리에게 필요한 것은 어린아이와 같은 단순한 사고방식이다. 어린아이와 같은 사고는 일차적이지만 점차 심오하게 발전하기도 하며, 본능에 가까운 직관은 여러 번 심사숙고할 때보다 현명하고 지혜로운 결론을 내리게 하기도 한다.

다른 사람에게
친절을 베푸는 것이
곧 나를
사랑하는 것

사람의 본성은 원래 이기적이라고들 한다. 하지만 그래도 다른 사람을 배려하고 친절하게 대할 필요가 있다. 다른 사람에게 베푼 친절은 결국 자기 자신에게 돌아오기 때문이다. 예를 들어, 다른 사람을 배려하고 친절하게 대하면 당신의 이미지가 좋아지고 원만한 인간관계를 유지할 수 있다.

한편으로는 이런 생각이 들 수도 있다.

'나는 늘 다른 사람을 생각하고 배려하는데 다른 사람들은 그러지 않는다면 나만 손해를 보게 되지 않을까?'

물론 손해를 볼 수도 있다. 하지만 손해를 보는 것이 꼭 나쁜 것만은 아니다. 조금 손해를 보더라도 많은 사람들이 기뻐할 수 있다면 그것만으로도 충분히 가치 있는 일일 수 있기 때문이다. 어떤 일의 인과관계는 생각보다 길 수 있는데, 오늘 내가 베푼 친절이 당장 빛을 발하지 못할 수도 있지만, 언젠가 오랜 시간이 흐른 후에라도 아름다운 꽃을 피우고 열매를 맺기도 한다.

누군가가 피카소에게 물었다.

"가짜 그림으로 당신을 사칭하고 다니는 사람들이 많은데, 왜 그들을 가만두는 거죠?"

피카소가 대답했다.

"누군가 나를 사칭하고 다니는 사람이 있다면, 그들은 아마 가난한 화가이거나 내 오랜 친구들일 거요. 가난한 화가들은 사정이 여의치 않으니 그런 일을 벌였을 것이고, 설령 친구들이 그런 것이라 해도 그들에게 죄를 물을 수는 없는 일이죠. 그리고 미술품을 감정하는 사람들도 먹고살아야 하지 않겠소? 생각해보면 모두에게 좋은 일인데 굳이 시비를 가려 무엇하겠소."

셰익스피어는 이와 같은 문제를 다음과 같이 정리했다.

"다른 사람 입장에 서서 생각할 수 있다면 그것이 바로 자비다. 자비는 강압적인 것이 아니라 하늘에서 내리는 고마운 비와 같은 것이어서 자비를 받는 사람뿐만 아니라 자비를 행하는 사람도 다 같이 축복을 받는다."

다른 사람 입장에서 생각한다는 것은 언제나 힘든 일이다. 그러나 나만 생각한다고 해서 더 행복한 것은 아니다. 때로는 내가 아닌 다른 사람을 위해 행한 작은 선행이 더 큰 즐거움을 주기도 한다.

다른 사람에게 친절을 베풀면 인간관계가 좋아질 뿐만 아니라 내면의 평안과 행복을 얻을 수 있다.

미국의 한 심리학 잡지에 다른 사람을 잘 돕는 사람은 그렇지 않은 사람보다 행복지수가 훨씬 높다는 설문조사 결과가 실렸다. 연구진들은 조사 결과를 바탕으로 다른 사람을 돕는 습관이 우울증 치료에도 도움이 된다는 결론을 내렸다.

다른 사람을 돕고 친절을 베풀면 대부분 관련자들 모두에게 좋은 결과로 돌아온다. 상대방은 필요한 도움을 받을 수 있어서 좋고, 베푼 사람은 돈으로 살 수 없는 즐거움을 얻을 수 있어서 좋다.

오드리 헵번은 '세기의 미녀'라고 불릴 정도로 미모가 뛰어났던 할리우드의 유명한 영화배우다. 요즘도 그렇지만 그녀가 활동하던 당시에도 유명 배우들이 심리적 문제를 호소하며 정신과 상담을 받곤 했는데, 오드리 헵번은 단 한 번도 정신과 상담을 받은 적이 없었다. 스태들러라는 정신과 의사는 이 사실을 매우 의아하게 생각했다. 그는 그동안 수많은 유명 배우들의 심리 상담을 해왔을 뿐 아니라 한밤중에도 상담을 요청하는 전화를 숱하게 받아왔던 터였다. 전화를 걸어오는 사람들은 대부분 수많은 팬을 거느리고 모두가 선망하는 화려한 인생을 사는 사람들이었다.

스태들러는 오드리 헵번의 생애를 심리학적인 관점에서 연구하기 시작했다. 그는 오드리 헵번이 친선대사 활동을 67차례나 했고, 1956년부터 1963년까지는 매달 부둣가에 있는 감옥이나 흑인들이 사는 빈민가에서 봉사활동을 했다는 사실에 주목했다. 한번은 미국의 한 기업에서 시간당 무려 5만 달러를 주겠다며 행사에 초청했지만 그녀는 초청을 거절하고 병원에 누워 있는 한 소년을 간호하며 봉사활동을 했다.

스태들러는 이러한 선행이 그녀의 건강한 심리와 관련이 있다는 생각이 들었고, 자선활동에 열심히 참여했던 또 다른 유명 인사들에 대한 사례를 조사했다. 그 결과 그들도 오드리 헵번처럼 심리 상담을 받은 적이 거의 없는 것으로 드러났다. 게다가 유명한 스타들이 쉽게 빠지는 음주, 마약 등의 습관도 찾아볼 수 없었다.

오드리 헵번의 사례에서도 볼 수 있듯이 자선활동에 적극적으로 참여하는 사람은 다른 사람을 돕기도 하지만, 동시에 그 일을 통해 자기 자신 또한 심리적으로 위안을 얻었다. 다른 사람을 도움으로써 행복을 얻을 수 있는데 굳이 정신과 의사를 찾아갈 필요가 있었겠는가?

일상에서도 이러한 경험을 할 때가 있다. 버스에서 몸이 불편한 누군가에게 자리를 양보했을 때, 불우이웃에게 돈을 기부했을 때 큰 선행은 아닐지라도 마음이 따뜻해지고 행복해지는 것을 느낄 것이다. 만약 버스에서 만삭의 임산부나 거동이 불편한 노인을 보고도 못 본 척 자리에 앉아 있으면 몸은 편할지 몰라도 마음은 내내 불편할 것이다.

돈도 많고 먹고살 걱정이 전혀 없는 사람들 중에 우울증을 앓는 사람이 의외로 많다. 그 이유는, 그들은 오직 자기 자신에게만 너무 많은 관심을 쏟기 때문이다. 자신의 편협한 세계에 갇혀 있으면 넓은 아량을 갖기 힘들기 때문에 아주 작은 불쾌함도 떨쳐버리지 못하고 괴로워한다.

그러니 자기중심적인 사고에서 벗어나 다른 사람들에게로 시선을 돌리고 그들이 필요로 하는 도움을 준다면, 겉으로 보기에는 조금 손해를 보는 것처럼 보일지라도 결국 자기 마음이 평온해지고 즐거워지는 길이 무엇인지 깨닫게 될 것이다.

내 친구 린다는 과중한 업무에 대한 스트레스와 늘 삐걱거리기만 하는 연애 문제로 힘들어하다가 결국 우울증을 앓게 되었다. 괴로워하던 린다는 원래 살던 곳을 떠나 다른 도시로 이사까지 했다.

이사를 하고 한참 후 린다는 그 도시 사람들이 얼마나 소박하고 친절한지에 대해 내게 들려줬다.

한번은 그녀가 택시를 타고 가면서 기사와 대화를 나누던 중 기사가 자신의 친구가 키우는 수박이 정말 달고 맛있다는 이야기를 꺼냈다. 기사는 그녀가 수박 이야기에 관심을 보이자 곧장 친구의 과수원으로 데려가 잘 익은 수박을 몇 통 골라줬고, 과수원 주인은 친구가 데려온 손님이라며 수박 값을 한사코 받지 않겠다고 했다. 린다는 과수원 주인을 겨우 설득해 수박 한 통 값을 지불했다고 한다.

그런 다음 린다는 다시 그 택시를 타고 집으로 돌아갔는데, 기사가 과수원에 들르느라 추가로 나온 비용은 본인이 모두 부담하겠다며 나머지 비용만 받았다. 린다는 훈훈한 마음으로 수박을 안고 집으로 돌아왔다. 그녀는 돈 때문이 아니라 사람들의 진심 어린 친절에 마음이 행복해졌다고 말했다.

린다가 살고 있는 동네는 아침 출근시간이면 차들로 굉장

히 붐볐는데, 그래도 그녀가 주차장에서 나갈 때면 누군가 꼭
길을 양보해주곤 했다.

그녀는 자신보다 다른 사람을 먼저 생각하는 마을 사람들
의 친절에 큰 감동을 받았다. 그래서 어느 날 그녀도 트럭 한
대가 길에 들어서려는 것을 보고 멈춰 서서 길을 내줬다. 그리
고 잠시 후 다시 출발하려고 하는데, 마침 차에 기름이 떨어져
차가 그 자리에 멈춰 서버렸다. 린다가 난감해하고 있을 때 누
군가 린다의 차로 다가왔다. 알고 보니 린다가 길을 내주었던
트럭의 기사가 백미러로 린다의 차가 멈춰 서 있는 것을 보고
무슨 문제가 있는 건 아닌가 하고 도움을 주고자 다가왔던 것
이다. 트럭 기사는 자신의 트럭에 있던 여분의 기름을 가져와
린다의 차에 넣어줬다. 그런 다음 가장 가까운 주유소까지 친
절하게 안내해줬다. 두 사람은 이 일을 계기로 사랑에 빠지게
되었다. 그리고 일상 속에서 작은 친절을 실천하며 사는 사람
들 덕분에 린다의 우울증도 말끔히 치유되었다.

"그 뜻을 이루고자 한다면 반드시 먼저 주어야 한다"는 말
이 있다. 이 말에는 인생의 진리가 담겨 있다. 무언가를 이루
려면(成), 먼저 힘써 노력(功)해야 하고, 나무에 열매를 맺히게
하려면 먼저 물을 주고 거름도 주어야 한다. 인생에서 즐거움
과 행복을 얻고자 한다면 반드시 먼저 다른 사람에게 친절과
도움을 베풀어야 한다.

다른 사람에게 친절을 베푸는 행위는 궁극적으로 자기 자
신을 위하는 것이다. 정신적으로든 물질적으로든 다른 사람

을 진심으로 도우면 그 보상은 고스란히 자신의 행복으로 돌아온다. 당신이 베푸는 행위에 놀라운 행운이 숨어 있다는 사실을 언제나 기억하길 바란다.

상대방을
바꿀 수 없다면
자기 자신을
바꾸라

좋은 인간관계를 유지하는 것은 누구에게나 힘들고 어려운 일이다. 누구는 성격이 고약해서 함께 어울리기 힘들고, 누구는 예의가 없어서 같이 있으면 불편하고, 누구는 잘해줘도 고마워할 줄을 모르고…. 사람들은 이렇게 다른 누군가에 대해 판단하며 원망하고 답답해한다.

하지만 상대방을 원망한다고 해서 달라지는 것은 없다. 인간관계에 어려움을 겪고 있다면 가장 먼저 바꿔야 할 것은 다름 아닌 자기 자신이다. 자기 자신은 아무것도 바꾸려 하지 않으면서 상대방이 내게 맞게 바뀌기를 바란다면, 그것은 아주 바보 같은 생각이다. 게다가 이런 생각은 심각한 결과를 초래하기도 한다.

톨스토이는 위대한 소설가였지만 정작 그의 일생은 한편의 비극이었다. 비극의 원인은 다름 아닌 그의 결혼생활에 있었다. 톨스토이는 청렴하고 고상한 사람이었던 반면, 그의 아내는 사치스럽고 허영심이 많은 여자였다. 그녀는 부와 명예를 갈망했고, 그것을 세상에 마음껏 뽐내며 살기를 원했지만 톨스토이는 그런 것들에 전혀 관심이 없을뿐더러 재물을 탐하는 것이야말로 가장 저속한 일이라고 여기는 사람이었다.

톨스토이는 그의 작품에 대한 모든 출판권을 포기하고 원고료와 인세조차 받지 않았다. 그럴 때마다 그의 아내는 톨스토이에게 온갖 욕을 퍼부으며 소리를 질렀다. 그의 아내는 톨스토이의 작품을 팔아 돈을 벌고 싶었지만 그는 꿈쩍도 하지 않았다. 톨스토이의 반대에 부딪힐 때면 그녀는 미친 사람처럼 바닥에 드러누워 뒹굴었고, 약병을 들고 와 차라리 죽어버리겠다며 남편을 위협하기도 했다. 그렇게 그들의 불행한 결혼생활은 계속되었다.

어느덧 두 사람은 지긋한 나이가 되었다. 어느 날 저녁 톨스토이의 아내는 톨스토이 앞에 무릎을 꿇고 앉아 50년 전 그가 자신을 위해 썼던 사랑의 시를 다시 들려달라고 간청했다. 그녀의 부탁에 톨스토이는 달콤하고 아름다운 시를 낭송했다. 그리고 두 사람은 뜨겁게 사랑했던 지난날의 기억과 냉랭하기만 한 현실 사이의 괴리감 때문에 감정이 격해져 통곡을 하고 말았다.

하지만 그 후로도 현실은 달라지지 않았고, 82세의 톨스토이는 아내와의 불화를 견디지 못하고 결국 집을 나가버렸다. 그는 춥고 어두운 밤 무작정 집을 나와 정처 없이 걷기 시작했다. 그리고 10여 일 후 톨스토이는 폐렴에 걸려 기차역에서 쓰러지고 말았다. 죽음을 앞두고 그가 마지막으로 한 말은 그의 아내에게는 알리지 말라는 것이었다. 평생 서로를 원망하기만 했던 부부의 결혼생활은 이렇게 끝이 났다.

톨스토이 부부의 결혼생활이 이처럼 불행했던 이유는 두 사람 다 상대방을 이해하거나 상대방 입장에서 생각하려는 노력은 전혀 하지 않으면서 그저 상대방이 바뀌기만을 바랐기 때문이다.

사람은 모두 저마다 성격이 다르고 인생을 살아가는 방식도 다르다. 그래서 함께 사는 부부일지라도 자신의 방식만을 강요해서는 안 된다. 그러므로 원만한 관계를 유지하기 위해서는 상대방을 바꾸려고 하기보다 자기 자신을 상대방에게 맞추려는 노력을 먼저 해야 한다.

나와 관련된 사람이나 일이라면 나를 바꾸는 것이 문제를 해결하는 가장 쉬운 방법이다. 인간관계뿐만 아니라 사회 전체와 관련된 일도 마찬가지다. 사회 풍조나 인심이 변했다고 탓할 것이 아니라 나 자신부터 달라져야 한다.

어느 날 길을 가다가 나는 지하철역 입구 계단에 한 남자가 쓰러져 있는 것을 보았다. 차림새로 봐서 거지나 노숙자 같지는 않았는데 도대체 왜 거기 쓰러져 있는 건지, 혹시 무슨 사고를 당한 것은 아닌지 걱정이 됐다.

지하철역 주변으로는 많은 사람들이 오가고 있었는데, 그 누구도 쓰러져 있는 남자에게 관심을 갖지 않았다. 심지어 어떤 사람은 쓰러져 있는 남자 위로 훌쩍 뛰어넘어 갈 길을 가는 가 하면 어떤 사람은 길을 막고 누워 있는 남자를 짜증스러운 표정으로 바라보며 지나갔다.

하지만 한참이 지나도 남자를 도우려는 사람은 나타나지 않았고, 나 역시 남자에게 선뜻 다가가지 못하고 있었다.

'이대로 그냥 둬도 되나' 하는 생각을 하고 있을 때, 갑자기 사람들이 걸음을 멈추는 것이 보였다. 자세히 보니 대학생처럼 보이는 한 젊은 여성이 남자 옆에 무릎을 꿇고 앉아 있었다. 그제야 사람들은 남자 주위로 몰려들기 시작했고 누군가는 남자에게 물을 건네고, 또 다른 누군가는 구급차를 불렀다.

그 후의 상황은 자세히 모르지만 아무튼 이 사건은 내게 많은 생각을 하게 했다. 나는 그렇게 많은 사람들이 쓰러져 있는 남자를 보고도 모른 척하고 지나갔다는 사실에 놀랐다. 부끄럽게도 나 역시 그들 중 한 사람이었다. 물론 그들은 저마다 이유가 있었을 테지만 아마 대부분 괜한 일에 참견했다가 자신이 피해를 볼까봐 두려웠기 때문일 것이다. 나도 그들도 모두 세상이 냉담하다고 불평할 자격이 없는 사람들이었다. 하지만 그 여성은 옆에서 방관하기만 하는 사람들과 달리 행동으로써 다른 사람들의 모범이 되었다. 그러니 만약 세상에 대한 원망이 생긴다면 먼저 자기 자신이 평소에 어떻게 행동했는지를 살펴보고, 스스로 마음에 걸리는 게 있다면 자신부터 바꾸려는 노력을 해야 한다.

영국 런던에 있는 웨스트민스터 대성당 지하 묘지에 있는 한 주교의 묘비에는 이런 글이 적혀 있다.

내가 젊고 자유로워 상상력의 한계가 없었을 때 나는 세상을 변화시키겠다는 꿈을 가졌었다. 그러나 조금 더 나이가 들고 지혜를 얻었을 때 나는 세상이 변하지 않으리라는 것을 깨달았다. 그래서 시야를 약간 좁혀서 내가 살고 있는 나라를 변화시키겠다고 결심했다. 그러나 그것 역시 불가능한 일이라는 것을 알게 되었다. 그래서 마지막으로 나와 가장 가까운 내 가족을 변화시키겠다고 마음먹었다. 그러나 아무도 달라지지 않았다.

이제 죽음을 맞이하기 위해 자리에 누워서야 깨닫는다. 만약 내가 나 자신을 먼저 변화시켰더라면 그것을 보고 내 가족이 변화되었을 것을…. 또한 거기서 용기를 얻어 내 나라를 더 좋은 곳으로 바꿀 수 있었을 것을…. 그리고 누가 아는가? 세상도 변했을는지.

자기 자신을 변화시키는 것은 어쩔 수 없는 선택이 아니라 자신을 위한 최선의 선택이다. 왜냐하면 내가 아무리 애써도 누군가는 절대 바뀌지 않고 결국 상처받는 것은 나 자신이기 때문이다.

그러니 상사가 나를 인정해주지 않는다면 먼저 내 능력을 향상시키기 위해 노력하고, 동료가 나를 냉랭하게 대한다면 먼저 내게 어떤 단점이 있는지 살펴봐야 한다. 또 요즘 사랑하는 사람과 거리가 멀어진 것 같다면 상대방이 아니라 내게서 그 원인을 찾아보고, 먼저 더 많은 관심을 표현하도록 하자.

모든 사람은 각자가 하나의 독립적인 개체다. 그러므로 당신은 누군가를 마음대로 변화시킬 권리도, 능력도 없다. 대신 상대방을 존중하고 그 사람에게 맞춰서 나 자신을 변화시키다 보면 어느새 상대방도 변해 있는 것을 보게 될 것이다.

착한, 그러나
쉬운 사람은
되지 말자

착한 사람은 공격적인 성향이 없기 때문에 다른 사람들에게 상처를 주지 않고, 다른 사람들을 위해 기꺼이 손해를 보기도 한다. 그래서 사람들은 대부분 착한 사람을 좋아한다.

그렇다면 우리 모두 착한 사람이 되어야 하는 걸까? 이 문제에 관해서는 사람마다 생각이 다를 것이다. 내 경우를 말하자면, 나는 가급적 착한 사람이 되려고 노력한다. 착한 사람이 되면 사회에서 도덕적으로 높은 평가를 받을 수 있을뿐더러 원만한 인간관계도 유지할 수 있기 때문이다. 그래서 착한 사람이 되어야 한다는 데 수긍한다. 하지만 절대 쉬운 사람이 될 생각은 없다.

이른바 쉬운 사람이란, 원칙이나 주관이 없는 사람을 말한다. 이런 사람은 타고난 성격인지, 의도적으로 다른 사람의 관심을 받고자 하는 것인지 몰라도 누가 부탁을 하면 묻지도 따지지도 않고 들어준다. 그런데 이런 일이 계속 반복되다 보면 그 누구도 아닌 나 자신을 위한 항해를 하자!

쉬운 사람은 그저 누군가의 호구나 희생양이 될 뿐이다.

2년 전 회사를 옮긴 샤오윈은 길에서 우연히 예전에 다녔던 회사의 동료를 만났다. 회사 다닐 때는 데면데면했던 동료는 그녀를 보더니 갑자기 친한 척을 했다.

"어머, 샤오윈 정말 보고 싶었어. 네가 없으니까 요즘 할 일이 얼마나 많은지 몰라. 자료 정리하는 일도 내가 다 하고 커피도 직접 사다 마신다니까. 네가 그렇게 가버리니까 정말 아쉽더라."

샤오윈은 그 동료의 말에 아무 말 없이 웃기만 했다. 그리고 속으로 생각했다.

'너희들이 나를 그 정도로밖에 취급 안 해주니까 내가 기어코 떠난 거 아냐! 난 더 이상 너희가 알던 예전의 샤오윈이 아니야.'

샤오윈은 회사 사람들 모두가 인정하는 착한 사람이었다. 동료들은 그런 샤오윈에게 자신이 할 일을 대신 부탁하고는 했는데, 그렇게 한두 번 부탁을 들어주다 보니 어느새 사무실의 온갖 잡무를 샤오윈 혼자 다 떠안게 되었다. 그러면서 정작 중요한 업무에서는 그녀를 제외시켰다. 샤오윈도 실질적인 업무에 참여하고 싶었지만 매번 경험이 부족하다는 이유로 중요한 업무에서 배제되곤 했다. 그녀는 한참을 고민한 끝에 더 이상 동료들의 부탁을 들어주지 않기로 결심했다. 대신 그 시간에 업무에 필요한 공부를 할 수 있을 거라고 생각했다.

그러나 샤오윈이 부탁을 거절하자 사람들은 그녀를 원망

하기 시작했다. 심지어 누군가는 그녀가 입사 때와 마음가짐
이 달라졌다면서 핀잔을 주기도 했다. 샤오원은 마음이 괴로
워 아무 일도 할 수 없었다. 자신은 그런 사람이 아니라는 것
을 알려주고 싶었지만, 동료들의 생각을 바꾸는 것이 생각처
럼 쉽지는 않았다. 그녀는 결국 1년 반 동안 일한 회사에 사표
를 내고 다른 직장을 알아봤다.

　직장인이라면 누구나 이런 고충이 있을 것이다. 동료의 부
탁을 들어주는 것은 좋지만, 그 부탁 중에는 자신의 능력으로
해결해줄 수 없는 일도 있기 마련이다. 그럴 때 부탁을 잘 들
어주던 사람이 거절을 하면 상대방은 그를 원망하면서 멀어
지기 시작한다. 또 동료에게 돈을 잘 빌려주는 사람이라면 나
중에 곤란한 입장에 처하게 되기도 한다. 돈을 돌려달라고 말
하자니 괜히 상대방의 마음을 상하게 할까봐 눈치가 보이고,
돈을 포기하자니 손해가 막대하기 때문이다. 사무실 청소라
도 나서서 하다 보면 사람들은 점점 당신을 청소부 취급하면
서 청소는 당연히 당신이 하는 것이라고 생각하게 된다. 그렇
게 시간이 흐르다 보면 당신은 동료들이 마음대로 오라 가라
할 수 있는 사람이 된다.
　그러니 직장이라는 복잡한 환경에서는 절대 쉬운 사람이
되어서는 안 된다. 직장에서 쉬운 사람이라고 인식된 사람은
자신의 이익을 희생해야 할 뿐 아니라 온갖 일을 다 해주고도
인정을 받지 못한다.
　다른 사람 눈에 '좋은 사람'으로 보이고 싶은 마음은 이해

한다. 그러나 이것은 착한 것도, 성품이 좋은 것도 아니고, 그저 바보 같고 기술이 부족한 것일 뿐이다. 이 사실을 나만 모를 뿐 다른 사람들은 다 안다. 다른 사람에게 양보하고 잘해줬다고 해서 그 사람이 고마워하며 그에 상응하는 보답을 할 거라고 착각하면 안 된다.

　내 친구 중 한 명은 회사에서 관리자로 승진하고 나서 부하 직원들과의 관계를 돈독히 하기 위해 그들을 자신의 여자 친구보다 더 살뜰히 챙겼다. 생일이면 직접 선물도 챙겨 줬고, 해외 출장을 다녀올 때면 부하 직원들의 선물을 빼놓지 않고 사왔다. 또 직원들이 실수를 저지르면 행여 주눅이 들까봐 다그치기보다 위로를 해줬고, 업무 실적이 떨어져도 직접 그 사실을 언급하지 않고 조심스럽게 불러서 고민을 들어주기도 했다.

　아마 이런 상사라면 모두가 좋아할 거라고 생각하는 사람도 있을 것이다. 하지만 정말 그럴까?

　얼마 후 그의 팀에서 굉장히 중요한 프로젝트를 맡게 되었다. 친구는 전심전력을 다해 일에 매달렸지만 몇 달 후 프로젝트는 실패로 끝나고 말았다. 이유가 무엇이었을까?

　알고 보니 그 친구와 직원 한두 명을 제외하고는 모두 적당히 책임을 회피하며 대충대충 일했던 것이다. 그 친구는 결국 프로젝트 실패에 대한 책임을 지고 회사를 그만둬야 했다.

　결론적으로 그는 좋은 사람이었지만 쉬운 사람이기도 했다. 이런 사람은 한 부서를 이끌어가야 하는 관리자로서는 적합하지 않다. 다행히 친구는 그 일을 통해 큰 교훈을 얻었고, 그 후로는 같은 실수를 반복하지 않을 수 있었다.

왜 쉬운 사람은 친절을 베풀고도 인정을 받지 못하는 걸까? 그건 그 사람이 원칙 없이 아무에게나 친절을 베풀기 때문이다. 그래서 받는 사람조차 감사하기는커녕 그 사람을 만만하게 보는 것이다.

그러니 절대 쉬운 사람은 되지 말아야 한다. 좋은 사람이 되고자 할 때는 자신을 보호할 방법을 마련해 쉬운 사람으로 취급되지 않도록 주의해야 한다. 그러기 위해서는 먼저 자신만의 처세 원칙을 세워야 한다. 일단 원칙이 생기면 다른 사람의 요구를 무조건 수용하지 않을 수 있고, 거절할 용기도 생긴다. 그리고 그렇게 몇 번 거절을 하고 나면 다른 사람들도 당신을 함부로 대하거나 무리한 부탁을 할 수 없게 될 것이다.

그러나 여기에는 어디까지나 현명한 판단이 뒷받침되어야 한다. 그렇지 않으면 거절해서는 안 되는 부탁을 거절하고, 수용해서는 안 되는 부탁을 수용하게 될 수도 있다.

그 다음에는 적당히 항의하고 화내는 법을 익혀야 한다. 어떤 사람들은 자신의 생존을 위해 다른 사람을 얕잡아보고 무시하기도 한다. 그러니 불공평한 대우를 받는 경우에는 가만히 당하고만 있지 말고 항의할 수 있는 용기도 필요하다.

항의하거나 화낼 일이 있을 때는 소리를 지르거나 소란을 피우기보다는 당당한 태도로 자신의 입장을 분명히 전달해야 한다. 다른 사람을 무시하기 좋아하는 사람들은 대게 소심하고 겁이 많기 때문에 이렇게 항의를 하거나 적당한 수위로 화를 내면 큰 효과를 볼 수 있다.

다시 말해 좋은 사람이 되고 싶은 마음에 아무 원칙 없이 타협하거나 모두에게 잘해줄 필요는 없다. 그것은 상대방에게는 물론 자기 자신에게도 무책임한 행동이다. 어울려 살아가는 것도 좋고 착하게 사는 것도 좋지만, 어디까지나 당신의 인생이고, 당신의 행복이 우선되어야 한다. 당신 인생의 키는 당신 손에 달려 있음을 잊지 말고 당당하게 앞으로 나아가길 바란다.

완벽하지 않은
완벽함을
추구하라

사람은 누구나 자신이 맡은 일을 완벽하게 해내고 싶은 욕심이 있다. 이것은 일종의 책임감이자 열정의 표현이므로 이상할 것은 없다. 특히나 오늘날처럼 경쟁이 치열한 사회에서 완벽을 추구하는 것은 성공의 첫걸음이기도 하다. 그러나 모든 일에는 정도가 있어야 한다. 만약 지나칠 정도로 완벽에 집착하다 보면 심리적 압박감이 커져서 감정을 조절하기가 힘들어질 수도 있다.

영국의 유명한 축구선수 데이비드 베컴은 한 인터뷰에서 자신이 강박증을 앓고 있다는 사실을 고백했다. 그는 집안의 모든 물건들이 완벽하고 깔끔하게 정리되어 있어야만 심리적으로 안정감을 느낄 수 있었다. 그래서 쉬는 날이면 집안의 그릇이며 옷이며 잡지 등을 죄다 꺼내 정리했고, 자기 스스로 완벽하다고 느낄 때까지 계속 정리했다고 한다.

미국 정신과학회의 통계에 따르면 전 세계적으로 300만 명이 넘는 사람들이 '완벽 강박증'을 앓고 있다고 한다. 그중에는 유명 인사들도 적지 않은데, 그 이유는 사회가 그들에게 요구하는 바가 크기 때문이다. 그들은 공공장소에서 함부로 말할 수도 없고, 물도 마음대로 마시지 못하며, 일에 있어서도 외적 동기의 영향을 많이 받는다.

데이비드 베컴을 예로 들면, 그가 국가대표로 경기에 출전하면 그는 더 이상 자기 자신을 대표하는 것이 아니라 국가를 대표하게 된다. 관중들은 그에게 국가 수준의 기대감을 갖게 되고, 그는 자신의 즐거움을 위해서가 아니라 국민들의 기대를 만족시켜야 한다는 무거운 임무를 안고 경기에 임할 수밖에 없게 된다.

이러한 심리적 압박감으로 그는 자신에 대한 기대치가 높아졌고 계속해서 더 많은 성공을 갈망하게 되었다. 처음에는 즐거워서 시작한 일에서 점점 압박감과 부담감이 커지자 그는 더 이상 즐겁지 않았다.

이처럼 다른 사람의 기대를 만족시키기 위해 성공을 좇다 보면 자신의 고유한 색깔을 잃게 되고 점점 융통성도 사라지게 된다. 이럴 때 심리 기능이 왜곡되면서 강박증과 같은 현상이 나타나게 되는 것이다.

안타깝게도 '완벽 강박증'을 앓는 사람들은 자신이 행복하지 않다는 사실을 알면서도 그 원인에 대해서는 인식하지 못한다. 설령 그 원인을 인식한다 해도 '완벽 강박증'을 쉽게 고치지 못한다.

사실 모든 일이 자기 뜻대로 되는 것도 아니며, 모든 일이다 완벽할 수도 없다. 완벽을 추구한다는 것은 인생에 대한 적극적인 태도라고 볼 수 있지만 완벽에 지나치게 집착하게 되면 완벽에 도달하지 못했을 때 느끼는 상실감만 더 커질 뿐이다. 지나치게 완벽을 추구하다 보면 득보다 실이 크고, 오히려 완벽과는 거리가 멀어지게 되는 것이다.

한 남자가 결혼정보회사를 찾아갔다. 결혼정보회사의 현관문을 막 열고 들어가니 작은 문 두 개가 나왔다. 한쪽 문에는 '아름다움'이라는 팻말이 붙어 있고, 다른 한쪽 문에는 '아름다운 편은 아님'이라는 팻말이 붙어 있었다. 남자는 '아름다움' 쪽 문을 열고 들어갔다. 이번에도 작은 문 두 개가 나왔는데, 한쪽에는 '젊음'이라는 팻말이 붙어 있고, 다른 쪽에는 '젊은 편은 아님'이라는 팻말이 붙어 있었다. 남자는 '젊음'이라는 문으로 들어갔다. 그 후 계속 같은 방식으로 아홉 개의 문을 통과해 마지막 문 앞에 이르렀다. 마지막 문에는 이렇게 적혀 있었다.

"당신은 완벽한 사람을 찾고 있군요. 그런 사람은 이 세상에 존재하지 않습니다."

이 이야기는 세상에 완벽한 사람은 없으므로 지나치게 완벽을 추구해서는 안 된다는 사실을 일깨워준다. 만약 티끌 한 점 없이 완벽한 것이 있다면 그것은 분명 함정일 것이다. 그러나 사람들은 이러한 함정을 쉽게 꿰뚫어 보지 못하기 때문에 완벽의 오류에 계속 빠지게 된다. 완벽은 화려한 겉모습으로 사람들을 끌어당기지만 부작용만 남긴 채 끝나고 만다.

예를 들어 배우자를 선택할 때 키, 외모, 학력, 가정환경, 성품 등 모든 면에서 완벽한 사람을 찾으려고 하면, 그런 사람이 나타나기를 기다리다가 결국 다른 좋은 인연마저 놓치게 될 수 있다.

부모는 아이에게 세상에서 가장 좋은 것들만 주고 싶어 한다. 가장 좋은 분유를 먹이고, 가장 좋은 옷을 입히고, 가장 신선한 공기를 마시게 하고, 가장 좋은 학교에 보내 가장 좋은 교육을 받을 수 있게 해 완벽한 아이로 키우려고 한다. 하지만 그것이 과연 가능한 일일까?

완벽을 추구하는 것은 아름다운 일이지만, 그 아름다운 꿈을 이루지 못한다면 어떨까? 실현 불가능한 꿈에 집착하는 것은 자기 학대나 다름없지 않을까?

완벽을 추구하는 것은 인류가 성장해오는 과정에서 나타난 일종의 심리적 특징이나 천성 같은 것으로, 그 자체로는 나쁠 것이 전혀 없다. 인류는 완벽을 추구함으로써 끊임없이 진화해왔다. 가령, 오랜 옛날 나뭇잎으로 몸을 가렸던 인류는 각양각색의 의복을 발명했고, 이는 시대를 거듭할수록 아름답게 진화해 왔다. 만약 인류가 현실에 안주하고 완벽을 추구하지 않았다면 우리는 지금도 수풀 속을 기어 다니고 있었을지 모른다. 그러나 인류는 사물의 아름다움과 완벽함을 추구했고 완벽한 옷을 만들기 위해 기꺼이 노력해왔다.

이처럼 완벽을 추구하는 것은 결코 나쁜 일이 아니다. 게다가 음악이나 미술, 패션 등 일부 분야에서는 완벽을 추구하려는 노력이 반드시 필요하다. 그러나 오랜 시간이 흐르고 완벽을 추구하려는 노력이 완벽에 대한 집착으로 바뀌게 되면, 일이 뜻대로 되지 않을 때 밥도 못 먹고 잠도 못 자고 마음이 불안하고 초조해지게 된다.

모든 일에는 정도가 있어야 한다. 물의 온도가 100도에 도달하면 물은 끓어오르지만 온도에는 변화가 없는 것처럼 완벽을 추구하는 것도 일정한 선을 넘어가버리면 더 이상 완벽해지려 해도 완벽해지지 않는다. 어떤 일이든 적당한 선에서 그만두어야 한다. 상상했던 완벽한 수준에 도달하지 못했다고 마냥 붙들고 있는 것은 자기 자신을 괴롭히는 것으로밖에 볼 수 없다.

만약 이런 괴롭힘이 오래 지속되면 마음속에 풀리지 않는 응어리가 생기고, 이 응어리가 점점 커져서 마음의 병을 일으키게 된다. 아무리 단단한 나뭇가지도 계속 무거운 힘을 가하면 부러지고 마는 것처럼 우리 마음도 마찬가지다.

어쩌면 세상에는 완벽한 것이 존재할지도 모른다. 그러나 99.9퍼센트까지 성공한다 하더라도 마지막 0.1퍼센트의 관문을 넘는 것은 결코 쉬운 일이 아니다. 이 관문을 넘으려면 앞에서 했던 것보다 몇 배는 더 노력하고 더 많은 시간을 투자해야 하는데, 그러면 결국 얻는 것보다 잃는 것이 더 많아질 수도 있다. 그러므로 굳이 완벽에 집착할 필요는 없다.

완벽은 상대적인 개념이다. 사람들은 오랜 시간 두 팔이 없는 밀로의 비너스 상에 가장 잘 어울리는 팔을 찾아주기 위해 애썼지만 그 어떤 것도 두 팔이 없을 때만큼 완벽하게 아름답지 않았다. 완벽하지 않음으로써 완벽했던 것이다! 그러니 어

떤 일이 완벽하지 않아서 고민이라면 부디 완벽하지 않은 것
속에서 완벽함을 발견할 수 있기를 바란다.

성공에 대한
자신만의 철학을
정립하라

사람들은 누구나 성공한 인생을 살고 싶어 한다. 거리에 나가보면 각종 학원 간판들이 즐비하고, 서점에는 성공과 관련된 많은 책들이 진열되어 있다. 마치 자격증을 따고 컴퓨터와 영어를 배우면 성공의 문이 열리기라도 하는 것처럼 말이다.

하지만 사람들을 탓할 수는 없다. 탓하려거든 사회와 여론을 탓해야 한다. 왜냐하면 사람들이 마치 아무나 가볍게 성공의 열매를 딸 수 있는 것처럼 생각하게 만들었기 때문이다. 하지만 그것은 착각일 뿐이라는 것을 당신도 알 것이다.

문제는 이런 착각이 성공에 대해 큰 기대감을 갖게 만든다는 것이다. 그런데 막상 기대했던 성공을 이루지 못하면 불안하고 초조해진다. 이처럼 성공을 얻지 못해 조급증이 난 경우를 '성공병'이라고 한다.

의학적으로 봤을 때 이런 조급증이 그리 나쁜 것만은 아니라고 한다. 조급증은 사람들에게 위기의식과 경각심을 갖게 하고, 더 분발해 앞으로 나아갈 수 있게 하기 때문이다. 그러나 조급증이 계속 커지다 보면 마음의 병을 일으키게 되고 지나친 근심과 걱정, 우울감에 빠지게 된다.

성공병을 일으키는 원인 중 하나로 사회 전반에 깔린 성공에 대한 편협한 인식을 들 수 있다. 오늘날은 성공을 위해 고군분투하고 오로지 성공과 실패라는 잣대로만 영웅을 판단하는 시대일 뿐만 아니라, 그 사람이 가진 돈의 규모로 그의 가치를 판단하는 지경에 이르렀다. 이러한 시대적 배경 속에서 현대인들의 성공에 대한 열망은 그 어느 때보다 강렬하다. 그러나 이처럼 강렬한 열망 때문에 사람들은 점점 더 평상심을 유지하기 힘들어하고 인생의 즐거움은 잊은 채 늘 긴장과 불안 속에서 살아간다.

대학 동창 쑨더는 어려서부터 집안 형편이 좋지 않았지만 열심히 공부해 늘 상위권에 속하는 학생이었다. 그런 쑨더는 그의 가족들에게 거의 유일한 희망이었다. 그래서 쑨더는 대학에 합격한 이후 하루라도 빨리 성공해야겠다고 마음먹었지만 현실은 생각만큼 녹록지 않았다.

친구들이 모두 연애를 할 때 쑨더는 혼자 여자친구가 없었고, 그 흔한 운전면허증도 시험을 접수할 돈이 없어서 따지 못했다. 대학을 졸업할 무렵이 되자 그는 취업과 도시의 높은 집값에 대한 걱정으로 머리가 아팠다.

참담한 현실과 막막한 미래로 인해 심한 압박감을 느꼈던 쑨더는 결국 이 모든 것으로부터 도망치기로 결심했다. 그는 졸업을 앞둔 4학년 말경에는 거의 하루 종일 게임에 빠져 살 았고, 그로 인해 취업에도 실패했다. 친구들은 전도유망했던 슌더의 비참한 현실에 다들 안타까워했다. 하지만 누구를 탓 할 수 있을까? 당시 취업에 대한 압박감과 성공에 대한 열망 에 사로잡혀 있기는 우리 모두 마찬가지였으니 말이다.

다만 모두들 성공에 대한 열망이 있기는 했지만 우리의 열 망은 슌더만큼 극단적이지는 않았다. 게다가 슌더는 운전면허 증, 좋은 직장, 비싼 집, 예쁜 여자친구 등 소위 성공의 '하드웨 어'를 지나치게 중시했다. 그도 그럴 것이 사람들은 대부분 대 도시에 사는 청년, 특히 슌더처럼 명문대를 졸업한 청년이라 면 당연히 그런 하드웨어를 모두 갖추고 살 거라고 생각한다. 그렇지 않으면 실패한 사람으로 여기는 것이다.

슌더는 이러한 하드웨어로 자신의 성공을 증명하고 싶었지 만 그 어느 것도 손에 넣지 못하게 되자 초조하고 불안해했다. 그러나 이렇게 조급해하는 사람은 결코 성공하기 어렵다.

미국의 유명한 심리학자 터먼은 남성 800명을 30년간 추 적조사 한 결과, 이들 중 성공한 20퍼센트의 사람들과 실패한 20퍼센트의 사람들 사이의 가장 큰 차이는 지적 수준이 아니 라 건강한 심리 상태였다는 사실을 발견했다.

오늘날 성공병을 앓는 사람들은 점점 더 많아지고 있고, 그 들은 하루빨리 여러 하드웨어를 손에 넣음으로써 자신의 성 공을 증명하고 싶어 한다. 반면 성공에 대한 간절한 기대를 충 족시켜줄 만큼 원하는 것을 손에 넣지 못할 때는 극도로 조급하고 불안해한다.

　이런 사람들은 온종일 성공한 사람들의 성공 스토리를 들여다보면서 그 속에서 남들보다 더 빨리, 더 크게 성공하는 비결은 없는지 찾으려고 애쓴다. 이들은 마치 성공에 중독된 사람처럼 자신의 현재에 만족하지 못하고 성공에 대한 열망과 조급함에 빠져 지낸다.

　성공병은 성공에 조금도 도움이 되지 않을뿐더러 오히려 성공에서 멀어지게 한다.

　그렇다면 성공병에서 벗어나려면 어떻게 해야 할까?

　성공에 대해 조급한 마음을 갖지 않으려면 먼저 성공에 대한 철학을 바로잡아야 한다. 위대한 업적을 남긴 영웅들의 이야기가 아닌, 성공에 대한 자신만의 현실적인 철학을 정립해야 한다.

　성공에 대한 평가 기준은 사실 외적인 기준도 있지만, 더욱 중요한 것은 당사자의 마음이다. 한 사람의 성공에 대한 인식은 그가 자신의 일에서 얼마만큼의 성과를 거두었는지, 특히 물질적으로 얼마나 많이 소유했는지와는 크게 관련이 없다. 그러니 우리는 성공에 대한 새로운 평가 체계를 만들어야 한다. 자신의 분야에서 어느 정도 성과를 내는 것만으로도 자긍심과 성취감을 느낄 수 있어야 하고, 성실하고 책임감 있는 태도로 인생을 살아가는 모든 사람들을 성공한 사람으로 바라볼 수 있어야 한다.

　성공이 인생에서 중요한 부분을 차지할 수는 있지만, 그것이 인생의 전부가 되어서는 안 된다. 인생의 시간표에는 가족,

친구, 사랑, 취미 등 다양한 항목이 포함되어야 한다.

　건전한 오락과 적당한 운동은 불안하고 초조한 마음을 안정시켜주고 피로를 해소해준다고 한다. 성공에 대한 압박감에서 벗어나 가족과 즐거운 시간을 보내고 자연을 가까이하면서 인생의 노예가 아닌 진짜 주인으로 살아간다면 조급하고 불안한 마음은 사라지고 즐거움만 남게 될 것이다.

어쩌면 당신은
이미 충분히
훌륭한 사람인지도
모른다

만약 당신이 키도 작고 눈도 작고 피부는 까무잡잡하며 머리숱은 없고 콧대가 낮은 여자라면, 아마 이런 외모 때문에 고민하고 열등감을 느낄 것이다. 혹은 당신이 가난한 집안 출신에 월급은 쥐꼬리만 하고, 좁은 집에 살면서 소형 자동차를 몰며, 못생긴 아내를 둔 남자라면, 이런 조건 때문에 고민하고 열등감을 느낄 것이다.

많은 사람들이 자신의 외모, 몸매, 가정환경 때문에 열등감을 느낀다. 그들은 사소한 단점에만 집중하느라 정작 자신이 가지고 있는 훌륭한 면은 보지 못하는 경우가 많다.

아름다운 옥에 아주 작은 티가 있다고 해서 옥의 아름다움이 사라지는 것은 아니다. 그런데 왜 아주 작은 티 때문에 옥의 가치를 부인하려고 하는가?

위대한 철학자 플라톤은 이렇게 말했다.

"큰길이 되지 못하면 작은 오솔길이 되고, 태양이 되지 못하면 작은 별이 되면 그만이다. 성공과 실패의 척도는 눈에 보이는 크기가 아니라 얼마나 나답게 했느냐에 달려 있다."

바꿀 수 없는 사실을 있는 그대로 온전하게 받아들이는 것이야말로 인생을 살아가는 올바른 태도다. 만약 자기 자신을 너무 엄격한 잣대로 평가한다면 열등감은 고통의 근원이 되고 내면의 힘은 점점 약해질 것이다.

예전에 함께 일하던 동료 중에 굉장히 부정적인 인생관을 가진 사람이 있었다. 그녀는 늘 이런 식으로 말했다.

"난 정말 운이 지지리도 없는 사람이야. 노력한다고 하는데 왜 다른 사람들에 비해 늘 뒤처지기만 하는지 모르겠어. 얼마 전에 내가 큰맘 먹고 집을 사서 이사를 했는데, 글쎄 내가 집을 사자마자 옆 단지에 새 아파트가 들어서는 거야! 같은 단지에 살던 이웃들은 대부분 새 아파트로 이사 갔는데, 나만 돈이 없어서 그대로 살고 있지 뭐야…"

이런 그녀의 말에 덩달아 맞장구를 치는 사람도 있었다.

"내 말이! 내가 얼마 전에 차를 샀는데, 나보다 먼저 차를 산 친구가 있는데, 그 친구는 그새 외제차로 바꿨더라고. 살면서 가장 비참할 때가 언제인지 알아? 친구랑 같이 편의점 도시락을 먹을 때가 아니라 내가 겨우 채소 반찬에 밥 먹을 때 친구가 스테이크 써는 모습을 보게 될 때야. 내가 아무리 노력해도 남들은 항상 나보다 앞서나가더라고."

하루는 그녀가 나에게 이렇게 말했다.

"린아, 나도 너처럼 똑똑하면 얼마나 좋을까? 로리처럼 얼굴이 예쁘거나 장징처럼 말솜씨라도 좋으면 정말 좋겠는데…. 난 역시 너희들보다 한참 모자란 사람이야. 그래서 일도 이렇게밖에 못하나봐."

그녀가 이런 말을 한 것은 처음이 아니었다. 나는 참다못해 그녀에게 이렇게 말했다.

"네가 똑똑하지 않고, 예쁘지 않고, 말솜씨가 좋지 않다고 누가 그래? 나는 한 번도 네가 그렇다고 생각해본 적 없어. 게다가 너는 일솜씨도 좋은데 지금 무슨 소리 하는 거야?"

그러자 그녀가 놀란 토끼 눈을 하고선 말했다.

"정말 그렇게 생각해? 난 줄곧 내가 다른 사람보다 훨씬 못났다고 생각해왔어."

나는 온화한 목소리로 다시 말했다.

"정말이야. 난 네가 충분히 멋진 사람이라고 생각해. 그리고 한 번도 네가 똑똑하지 않다거나 예쁘지 않다거나 말솜씨가 좋지 않다고 생각해본 적 없어. 물론 그렇다고 네가 아인슈타인만큼 똑똑하고, 오드리 헵번만큼 예쁘고, 오바마만큼 말솜씨가 좋다고 생각하는 건 아니지만 말이야."

내 말을 듣고 그녀는 기뻐하며 말했다.

"정말이야? 난 사람들이 나에 대해 그렇게 생각하는 줄 몰랐어. 나한테 '괜찮다', '훌륭하다'고 말할 때마다 그냥 나를 위로하려고 하는 말인 줄 알았거든."

나는 그녀에게 다음과 같이 말해주었다.

"엘리너 루스벨트는 제2차 세계 대전 당시 미국의 대통령이었던 프랭클린 루스벨트의 부인이야. 그녀는 명문가 출신이었지만 어려서 고아가 돼 힘들고 가난한 생활을 해야 했어. 얼굴도 예쁘지 않고, 춤도 잘 못 추고, 스케이트도 잘 못 타고, 부끄러움까지 많았지. 그래서 그녀는 줄곧 열등감에 시달려왔어. 어느 해 크리스마스 파티에서 엘리너는 사람들을 피해 구석에 숨어 있었어. 그런데 그때 한 멋진 남자가 그녀에게 다가와 춤을 청했어. 바로 미래의 루스벨트 대통령이었어. 그녀가 그와 한 차례 춤을 추고 난 후에야 사람들은 파티장에 젊고 아름다운 아가씨가 있다는 사실을 알게 됐어. 그 이후 많은 남성들이 그녀에게 춤을 청했고, 그날 그 파티는 엘리너의 인생을 완전히 바꿔놓았어.”

나는 이렇게 이야기를 마무리 지었다.

“세상에는 자신의 진짜 가치를 알아보지 못하는 사람들이 많아. 자신이 훌륭한 사람인지 아닌지는 다른 사람들의 평가가 아니라 자신에 대한 믿음에 의해 결정되는 거야. 그러니 자신감을 가져. 너처럼 훌륭한 재능을 가진 사람이 스스로를 믿지 못하고 자기 자신에 대해 그렇게 말하면 남들도 결국 그렇게 믿게 될 거야.”

그녀는 내 말에 감동을 받았는지 이렇게 말했다.

“역시! 내가 뭐랬어. 넌 정말 똑똑하다니까!”

내가 웃으며 말했다.

“대체 누가 너더러 말솜씨가 없다고 그랬어? 이렇게 말을 잘하는데 말이야.”

우리는 함께 웃었다. 이렇게 말하고 보니 그녀에게서 정말로 광채가 나는 것 같았다.

자신감은 타인을 부정하고, 나보다 못난 사람과의 비교를 통해 생겨나는 것이 아니라 자신에 대한 긍정적인 믿음에서 생겨나는 것이다. 어떤 시합에서 내가 다른 사람보다 강하다고 믿더라도 질 수는 있다. 하지만 내 실력을 온전히 발휘할 수 있을 거라고 믿으면 반드시 승리할 것이다.

인생에서 가장 중요한 것은 자기 자신과의 비교다. 열심히 노력해 스스로 만족할 만한 결과를 얻었다면 그것으로 충분하다. 기아에 시달리는 아프리카 아이에게 귀족 학교에서 교육 받은 아이만큼의 학식을 기대할 수 없고, 가난한 시골 할머니한테서 귀부인 수준의 교양을 기대할 수는 없는 법이다.

사람은 각자 자신만의 장점이 있고, 반대로 단점도 있다. 우리는 인생의 길고 긴 여정 속에서 장점은 살리고 단점은 보완하면서 자신의 재능을 최대한 발휘하는 법을 배워야 한다. 그것이면 충분하다.

가장 좋은 것은 스스로를 객관적이고 정확하게 바라보는 것이다. 하지만 그렇게 하지 못하다면 차라리 '자뻑'을 할지언정 열등감에 빠지지는 말아야 한다. 소심하고 겁 많은 사람은 그 누구도 쉽게 신뢰하지 않기 때문이다.

절세 미녀가 당신에게 호감을 갖고 다가왔는데 당신이 스스로에 대한 믿음조차 없는 사람이라면, 그녀가 어떻게 당신에게 확신을 가질 수 있겠는가?

어쩌면 당신은 약간의 자신감이 부족할 뿐, 이미 충분히 훌륭한 사람일지 모른다.

인생을 원망할
자격이 있는가?

어느 날 붓다가 행각¹을 나갔다가 한 시인을 만나게 되었다. 시인은 젊고 잘생겼을 뿐만 아니라 시적 재능이 뛰어났고 어여쁜 아내와 귀여운 아이도 있었다. 그러나 시인은 자신이 행복하다고 생각하지 않았고 만나는 사람미다 붙잡고 신세 한탄을 했다.

붓다가 물었다.

"자네는 행복해 보이지 않는데, 내가 도와줄 일이 있는가?"

시인이 대답했다.

"한 가지가 없습니다. 그것을 제게 주실 수 있습니까?"

붓다가 말했다.

"그럼. 자네가 원하는 것은 무엇이든 줄 수 있다."

"정말입니까?"

시인은 미심쩍은 표정으로 붓다를 바라보며 말했다.

"저는 행복을 얻고 싶습니다!"

붓다는 잠시 생각하더니 말했다.

"알겠다."

그러고는 불법으로 순식간에 시인이 가진 모든 것을 사라지게 했다. 시인의 잘생긴 외모부터 그의 재산과 시적 재능 그리고 어여쁜 아내와 아이도 없앴다. 그런 다음 붓다는 홀연히 사라져버렸다.

한참 후 붓다가 시인을 다시 찾아갔을 때 그는 허기진 배를 끌어안고 바닥에 쓰러져 신음하고 있었다. 그때 붓다가 그에게서 빼앗아갔던 모든 것을 제자리에 돌려놓았다. 그리고 다시 홀연히 사라졌다.

그리고 얼마 뒤 붓다가 다시 시인을 찾아갔다. 그러자 이번에는 시인이 아내와 아이를 품에 안고 붓다에게 허리 굽혀 감사 인사를 했다. 이제 무엇이 진정한 행복인지 깨달은 것이다.

혹시 우리도 이 시인처럼 눈앞의 행복을 보지 못한 채 엉뚱한 곳에서 힘겹게 행복을 찾아 헤매고 있는 것은 아닐까?

사실 우리는 인생에서 필요한 것들을 이미 다 가지고 있음에도 불구하고 더 많이 가지려는 욕심과 원망 때문에 그것을 감사하게 생각할 줄 모른다. 어떤 사람들은 그러다 모든 것을 잃고 나서야 자기가 가진 것들의 소중함을 깨닫는다.

하지만 안타깝게도 사람들은 이러한 이치를 깨닫지 못하고 탐욕에 눈이 멀어 이미 자신이 가진 것들에 감사하기는커녕 그 상황을 너무나 당연한 것으로 생각한다. 그러면서 아직 갖지 못한 것이나 잃어버린 것에 대해서만 계속 마음을 쓴다.

프랑스의 조각가 로댕은 이런 말을 남겼다.

"아름다움은 어디에나 있다. 우리의 눈이 그것을 다 알아보지 못할 뿐."

당신 인생에서 당신이 가진 모든 것이 곧 행복이다. 다만 당신이 그것을 발견하지 못하는 것이다.

시대가 빠르게 변화하면서 사람들의 발걸음도 이전보다 바빠졌다. 사람들은 조금이라도 더 많은 것을 손에 넣으려고 부지런히 움직이면서 점점 물질의 노예가 되어가고 있다. 그러면서 '돈이 모든 것을 해결해주지는 않지만, 돈이 없으면 아무것도 할 수 없다'고 말하는 지경이 된다.

물론 우리 삶에서 물질적인 것이 반드시 필요하기는 하다. 하지만 인생에는 이보다 더 중요한 즐거움과 행복이 있다는 사실을 잊으면 안 된다. 당신이 가장 소중하게 여겨야 할 것은 아직 갖지 못한 그 무엇도, 이미 잃어버린 그 무엇도 아닌 바로 지금 당신이 갖고 있는 것들이다.

아직 갖지 못한 것은 아무리 귀하고 아름다운 것이라 해도 내 것이 아니다. 그러니 나와 아무 상관도 없는 것을 갖지 못했다고 괴로워할 필요가 있을까?

혹시 마음속에 계속 담아두고 있다 보면 언젠가 얻게 될 거라고 믿고 있는 것은 아닌가? 가능성이 전혀 없는 것은 아니다. 그러나 과연 그것이 현재의 행복을 걸 만큼 중요한지 생각해봐야 한다. 자신이 가진 것에 감사할 줄 모르는 사람은 더 많은 것을 가질 자격이 없다.

'슈퍼격려대가'라는 독특한 수식어를 가진 오스트레일리아의 존 쿠티스는 태어날 때부터 두 다리가 없었다. 그는 오로지 두 팔에 의존해 전 세계 190여 개 국가를 돌면서 수많은 장애인들에게 희망을 줬다. 그는 오스트레일리아 장애인 탁구 대회 챔피언이자 수영선수이고, 직접 차를 운전하기도 한다.

중국 칭다오에서 열린 한 강연에서 그는 생수병을 들어 보이며 청중에게 말했다.

"제 인생은 태어날 때부터 비극이었습니다. 갓 태어났을 때 고작 이 생수병만 한 크기였다고 합니다. 두 다리가 없는 저를 보고 의사는 하루를 넘기지 못할 거라고 했죠. 하지만 저는 살아남았고 35년이 지난 지금 전 세계를 누비며 건강하게 살고 있습니다."

강연 내내 사람들의 박수 소리는 끊이지 않았다. 쿠티스는 강연 말미에 손에 어떤 물건을 들고 말했다.

"저를 열렬히 환영해준 모든 분께 진심으로 감사드립니다. 제가 머물고 있는 호텔은 아주 멋진 곳입니다. 그런데 그곳에는 제가 절대 쓸 수 없는 물건이 하나 있더군요. 그런데도 호텔 직원들은 매일 제 방에 이것을 놔두었습니다."

쿠티스는 손에 쥐고 있던 물건을 청중을 향해 던졌다. 그것은 다름 아닌 일회용 슬리퍼였다. 청중석에 침묵이 흘렀다.

쿠티스가 큰 목소리로 말했다.

"만약 이 슬리퍼를 신을 수 있다면 당신은 누구보다 행복한 사람이고, 그 누구도 원망할 자격이 없는 사람입니다. 모두가 이 슬리퍼를 신을 수 있는 것은 아니니까요!"

청중석에서는 우레와 같은 함성과 박수가 터져 나왔다.

쿠티스의 말처럼 우리는 자신이 가진 것에 감사하고 소중하게 여길 줄 알아야 한다. 최소한 건강한 두 팔과 두 다리가 있다면 쿠티스보다 훨씬 행복한 사람이라는 것을 기억하라.

한 철학자는 이렇게 말했다.

"고통의 바다가 곧 천국이 될 수 있고, 천국이 고통의 바다가 될 수도 있다."

천국에 살더라도 마음이 괴로울 수 있고, 고통의 바다에 살더라도 마음이 행복할 수 있다. 다시 말해 모든 것은 우리의 마음가짐에 달려 있다.

쿠티스의 말처럼 당신이 인생을 원망할 자격이 없는 사람이라면 일찌감치 그 원망을 버리고 가진 것에 감사하는 법을 배우라. 무의미한 욕망과 잡념을 버리고 당신이 가진 것들의 소중함을 발견할 수 있다면 원망의 속박에서 벗어나 진정한 행복을 찾을 수 있게 될 것이다.

인간에게 주어지는 시간은 영원하지 않다. 그런데 만약 이 귀중한 시간을 잃어버린 것들과 얻지 못한 것들 때문에 낭비한다면 정작 내가 가진 것들마저 잃게 될 것이다. 그러니 지금 이 순간을 소중하게 여겨야 한다. 지금 당신이 가진 것들이야말로 진정한 가치가 있는 것들이다.

—7 승려가 여기저기 돌아다니며 수행하는 것

우리는 애써
어리숙한 사람이 되려고
노력해야 한다

성경에 이런 구절이 있다.

"네 눈 속에 들보가 있으면서 어떻게 다른 사람 눈의 티를 빼주겠다 말하는가!"

무슨 일이든 시시비비를 가리기 좋아하는 사람이라면, 이 구절을 통해 지혜를 얻기를 바란다. 우리는 다른 사람의 눈에 있는 티를 빼주기 전에 먼저 자기 눈에 있는 티를 살펴야 한다. 사람들이 인생이 피곤하다고 느끼는 이유는 모든 일에 너무 민감하게 반응하기 때문이다. 이러한 민감함은 마음을 초조하고 불안하게 만들고, 때로는 다른 사람에게 상처를 주기도 한다.

정말로 똑똑한 사람은 어리숙한 듯 보이는 사람이다. 이런 사람은 모든 것을 알고 있더라도 절대 겉으로 드러내지 않고, 모르는 척 넘어가야 할 때와 시비를 가려야 할 때를 분명히 안다. 그러니 똑똑하고 현명한 사람이 되고 싶다면 매사에 꼬치 꼬치 따지려고 하지 말고 되도록 너무 많은 일에 관여하지 않는 것이 좋다.

매사에 정확하게 따지기를 좋아하는 사람은 고지식하고 융통성이 없는 경우가 많다. 이런 사람은 일을 할 때 불필요한 경쟁을 하게 되고, 친구들 사이에서도 누군가에게 마음의 상처를 주기 쉽다.

다른 사람의 앞길을 막으면 내 앞길도 막히게 되고, 다른 사람의 밥그릇을 깨뜨리면 내 밥그릇 역시 온전하지 못하게 된다. 다른 사람을 곤란하게 하지 않고, 나 역시 곤란하게 만들지 않는 것이 인생을 편안하게 살아가는 방법이다.

오늘날 인간관계는 나날이 더 복잡해지고 있다. 그래서 당신이 탁월한 재능을 가진 사람이든, 그냥 평범한 사람이든 어떤 일을 처리할 때는 반드시 여지를 남겨두어야 한다.

링컨 대통령은 젊은 시절 무슨 일이든 시시비비를 가리기 좋아하고, 다른 사람을 비꼬거나 비난하기를 좋아했다. 그는 일리노이주 스프링필드에서 변호사로 일할 때도 다른 사람들을 공격하는 글을 자주 쓰곤 했다.

1842년 가을, 링컨은 〈스프링필드 저널〉에 익명으로 정치인 제임스 쉴즈를 조롱하는 글을 기고했다. 사람들에게 웃음거리가 된 쉴즈는 당연히 화가 머리끝까지 났다. 글을 쓴 사람이 링컨이라는 사실을 알아낸 쉴즈는 링컨에게 결투를 신청했다.

링컨은 글솜씨는 좋아도 싸움에는 영 소질이 없었지만 자존심을 지키기 위해 어쩔 수 없이 결투 신청을 받아들였다.

결투를 약속한 날, 링컨과 쉴즈는 미시시피 강가에서 만났다. 두 사람은 마주 서서 결투를 준비했고, 운명이 곧 갈릴 찰나에 누군가가 나서서 그들을 말린 덕분에 두 사람은 모두 무사할 수 있었다.

이 사건 이후 링컨은 자신의 언행을 더욱 조심하게 되었고, 이는 훗날 미국의 대통령으로서 중요한 기반을 쌓는 계기가 되었다.

'경험은 지혜를 낳는다'는 말이 있다. 링컨은 이 경험을 통해 평생의 지혜를 얻을 수 있었다. 링컨의 사례에서도 볼 수 있듯이 자신이 아무리 잘나고 강한 사람이라 해도 지나치게 시비를 가리면 부작용이 따르게 된다. 대신 자기 자신과 상대방 모두를 위해 약간의 여지를 남겨두어야 한다. 그러지 않으면 자신이 무엇을 얻든 머지않아 그 대가를 치르게 될 것이다. 얻는 것이 있으면 반드시 잃는 것이 있게 마련이다. 이것이 바로 세상의 이치다.

'참는 자에게 복이 온다'는 말은 결코 틀린 말이 아니다. 상사와 부하 사이에서든, 부모와 자녀 사이에서든, 형제자매 사이, 심지어 부부 사이라 할지라도 모든 일을 분명히 따지려고 하기보다 적당한 여지를 남겨두도록 하자. 그래야 원만한 관계를 유지할 수 있다. 상대에게 성급하게 도전하거나 무시하는 등의 행위는 반드시 지양해야 한다. 이는 상대방을 위해서가 아니라 바로 자기 자신을 위해서다.

내가 아는 어르신 중에 나이가 90이 넘었는데도 여전히 눈초리가 밝고 정정한 분이 있다. 병원에서 건강검진을 받으면 의사들도 혀를 내두르며 칭찬할 정도다. 사람들이 그분께 건강하게 오래 사는 비결을 물으면 그분은 '어리석어지라'고 말씀하시곤 한다.

그 어르신은 요즘 젊은이들은 너무 피곤하게 사는 것 같다고 말씀하셨다. 그는 사업에 소질이 있었으나 성공에 대한 큰 야망은 없었다. 그래서 자신을 치열한 경쟁 상황으로 내몰지 않고 대신 자신의 인생을 즐겼는데, 젊어서부터 꽃을 가꾸고 물고기를 기르는 등 좋아하는 일을 하면서 살았다.

그는 100년 가까이 살면서 전쟁부터 정치적 투쟁까지 많은 일들을 직접 경험하거나 목격해왔다. 그래서 그는 의식주 걱정 없이 살 수 있는 것만으로도 크게 감사하고 만족해 했다. 그는 남과 비교하지 않고 경쟁하지 않았으며 허황된 꿈을 꾸지도 않았다. 그래서 누구보다 행복한 인생을 살았다.

지금 생각해보면 어르신은 더 많은 것을 얻으려고 치열하게 경쟁했던 사람들보다 결코 적게 가지지 않았다. 오히려 건강과 장수라는 값진 보상을 받았다.

어르신은 젊은이들에게 '세상 모든 일에 지나치게 연연하며 살 필요는 없다'고 말씀하셨다. 나 역시 그분 말씀처럼 일상에서 조금 더 평온한 마음을 유지하고 애써 어리석어지려고 노력한다.

우리 동네에 있는 작은 마트의 계산원은 정말 불친절하다.

그녀는 볼 때마다 누군가 자기 물건을 뺏어가기라도 한 것처럼 인상을 잔뜩 찌푸리고 있었다. 나중에 알고 보니 그녀의 남편은 바람이 나서 집을 나갔고, 노모는 병상에 누워 있고, 하나밖에 없는 딸은 천식을 앓고 있다고 했다. 그런데 그녀가 마트에서 한 달 동안 일하고 버는 돈은 2천 위안(한화로 33만 원) 남짓이었다. 거기에 온 가족이 다섯 평도 채 되지 않는 집에서 살고 있다고 하니, 그녀의 표정이 왜 그랬는지 이해가 됐다. 나는 그녀의 사정을 알게 된 후로는 더 이상 그녀의 불친절한 태도에 대해 왈가왈부하지 않게 되었다.

살면서 자기 뜻대로 되지 않거나 기분 나쁜 일이 있더라도 낱낱이 진상을 밝히고 시비를 가릴 필요는 없다. 다른 사람이 당신에게 무례하게 대했다면 그 사람에게는 그 만한 이유가 있을 수 있다. 물론 그 이유와 상관없는 당신에게 실수를 저지른 것이기는 하지만, 알고 나면 당신도 이해할 법한 일일 것이다. 그러니 문제가 심각하지만 않다면 넓은 마음으로 아량을 베풀기를 바란다.

그럴 때 괜히 섣불리 화를 냈다가는 더 큰 후폭풍이 불어닥칠지도 모른다. 게다가 억지를 쓰는 사람과 시시비비를 가리다 보면 결국 당신도 그 사람과 수준이 똑같아지게 된다. 그러니 억울한 일을 당해 화가 나고 속상하다 할지라도 현명하게 대처하기를 바란다.

인생에
옳고 그름이
명확한 선택은
없다

우리 사회에는 법으로는 규정되어 있지 않지만 '반드시', '마땅히' 지켜야 할 조항들이 있다. 사람들은 이러한 조항을 바탕으로 자신이 내리는 결정의 옳고 그름을 판단한다. 그런데 어떤 이들은 옳고 그름이 없는 일에서도 굳이 옳고 그름을 가리려고 한다.

마크 저커버그는 처음에는 하버드대학교 내에서 캠퍼스 퀸카를 가릴 목적으로 페이스북을 만들었다. 그는 학내의 모든 여학생들의 사진을 올려놓고 사용자가 두 명의 여학생 중 더 예쁜 쪽을 선택하도록 하는 애플리케이션을 만들었다. 그렇게 계속 둘 중 한 명을 선택하다 보면 최종적으로 한 명이 남는 방식이었다. 캠퍼스 내 남학생들은 이 애플리케이션에 열광했다. 현실에서는 감히 할 수 없는 선택을 하면서 쾌감을 누릴 수 있었기 때문이다.

물론 그중에는 예외도 있었다. 앤디라는 남학생은 이 애플리케이션을 사용하면서 즐거움보다 괴로움을 더 많이 느꼈다. 그 이유는 둘 중 더 예쁜 사람을 선택하기가 어려웠기 때문이다. 그는 자신의 잘못된 선택이 최종 결과에 영향을 미칠까봐 걱정이 앞섰던 것이다.

당신이 앤디라면 이 같은 고민을 하겠는가? 만약 그렇다면 지금 당장 자신의 인생 태도를 점검해봐야 한다. 아름다움의 기준은 사람마다 다르므로 자기 기준에서 더 예쁜 사람을 선택하면 그만이지 잘못된 선택을 할까봐 고민할 필요는 없다. 이런 옳고 그름에 대한 고민은 명백하게 '가짜 고민'이다.

옳고 그름에 대한 관념은 일반적으로 '반드시', '마땅히' 지켜야 할 조항을 기반으로 형성된다. 그런데 여기서 한 가지 주의해야 할 점은 소위 옳은 것이라고 해서 반드시 좋고 합리적인 것이 아니고, 그른 것이라고 해서 반드시 나쁘고 비합리적인 것은 아니라는 점이다.

물론 어떤 선택에 대해 '효과적이다', '합리적이다'라고 판단할 수는 있다. 그러나 이를 옳고 그름으로 판단하려고 하면 결국 함정에 빠지게 된다. 그것은 바로 '나는 반드시 이 선택이 옳다는 것을 증명해야 해! 그 어떤 착오도 있어서는 안돼!'라는 함정이다. 그리고 이러한 선택의 함정에 계속 빠지다 보면 불안감과 초조함에 시달리게 된다.

어느 날 저녁, 젊은 엄마가 아이를 재우고 소파에 앉아 쉬다가 깜박 잠이 들었다. 그녀는 꿈속에서 30년 후의 아들을 만났다. 남루한 행색을 한 아들은 무슨 이유에서인지 잔뜩 화가 나 있었다.

"엄마!"

아들은 주먹을 불끈 쥐고 씩씩거리며 소리쳤다.

"왜 저를 그런 유치원에 보내셨어요! 엄마의 잘못된 선택이 제 인생을 망쳤다고요!"

엄마는 깜짝 놀라 잠에서 깼다. 사실 그녀는 아이가 다닐 유치원을 결정해야 했는데, 지난 몇 주 동안 계속 결정을 못하고 있었다. 두 유치원을 놓고 비교하고 있었는데, 두 곳 모두 커리큘럼도 좋고 선생님들도 친절했으며 거리도 적당했다. 두 곳 중 어느 곳을 선택해야 옳은 결정일까 고민하던 그녀는 맘카페 같은 사이트에 글을 올려 도움을 청해보기도 했다. 그러나 어떤 곳을 선택하든 장단점이 있다는 사실만 확인했을 뿐 결정을 내리지 못했고, 그러다 꿈속에서까지 이 일로 시달렸던 것이다.

혹시 당신도 이 엄마처럼 어떤 일을 결정할 때 어려움을 겪고 있지는 않은가? 사소한 일조차 쉽게 결정하지 못하고 고민하는 것은 모든 일을 옳고 그름을 기준으로 판단하려 하기 때문이다.

많은 사람들이 결정을 내릴 때 고민하는 까닭은 옳은 선택을 하고 싶어서다. 결정을 미루고 조금이라도 더 고민하면 실수를 범하지 않을 수 있을 거라 생각하는 것이다. 그러나 사실 옳고 그름의 기준만으로 결정할 수 있는 일은 많지 않다. 그렇게 간단한 일이라면 애초에 고민할 필요도 없을 것이다.

어떤 일을 결정할 때 우유부단한 모습을 보이지 않으려면 결정으로 인한 결과를 옳고 그름만으로 판단하려고 해서는 안 된다. 그 어떤 결정을 내리든 그저 결과가 다르게 나오는 것일 뿐이다.

예를 들어, 가게에서 새로 옷을 한 벌 샀는데 마음에 쏙 들었다고 치자. 새로 산 옷과 예전에 산 옷은 느낌의 차이가 있을 뿐 어떤 선택이 특별히 옳았거나 틀렸던 것은 아니다. 중요한 결정을 내릴 때는 옳고 그름이 아니라 결정에 따라 나타날 수 있는 서로 다른 결과들 중 어떤 것을 선택할 것인지만 고려하면 된다.

올바른 정답을 찾고 싶어 하는 사람들은 대게 사물을 절대화하기를 좋아한다. 이들은 세상 모든 것이 흑과 백, 옳고 그름, 좋고 나쁨처럼 서로 대립되는 두 가지 형태로 구분된다고 생각한다.

그러나 사실 이 세상의 사물을 이렇게 딱 부러지게 구분하는 것은 불가능하다. 그래서 총명한 사람들은 경계가 모호한 중간 영역에 머물며 옳고 그름에 대한 생각을 쉽게 드러내지 않는다. 세상에 옳고 그름을 명확히 구분할 수 있는 일은 없기 때문이다. 다만 서로 다른 특징을 지닌 것들이 있을 뿐이다.

중요한 투자를 앞두고 어떤 결정을 내려야 할 때, 정확한 선택을 하려고 하면 할수록 결정을 내리기가 힘들어진다. 또 설령 결정을 내렸다 하더라도 자신의 결정이 틀리지는 않았는지 내내 걱정이 될 것이다. 그러나 옳고 그름이라는 잣대를 거두고 생각하면 결정하기가 한결 수월해진다.

이 세상을 흑과 백으로 구분할 수 없듯이 자신의 어떤 결정을 옳고 그름이라는 기준으로 명확하게 구분할 수는 없다. 이 사실을 기억한다면 중요한 결정을 내리려고 할 때 고민이 훨씬 줄어들 것이다.

흑과 백은 우리가 선택할 수 있는 수많은 것들의 양쪽 끝을 가리킬 뿐, 일반적인 선택이 아니라는 사실을 명심하자. 즉, 일반적인 선택은 바로 흑과 백 사이에 무수히 많은 층으로 구성된 회색지대에서 이루어진다.

독설에
대처하는
가장 이상적인
태도

내 친구 페이는 회사의 행정팀에서 일하고 있다. 그 친구는 원래 팀 내 직속 상사와 사이가 무척 좋았는데, 두 사람은 반년 전 회의 시간에 업무에 관해 논의하다가 치열한 논쟁을 벌이게 되었다. 친구는 회의가 끝나고 상사에게 곧바로 사과를 했지만 소용이 없었다. 그 회의 이후 상사는 친구를 냉대하기 시작했다.

하루는 페이가 업무상 작은 실수를 저질렀는데, 심각할 정도의 일은 아니었다. 그런데 상사는 그 일을 빌미로 페이를 호되게 질책했다. 참다못한 페이는 상대편에서 자료를 제대로 확인하지 않아서 생긴 일이라고 말했다. 그러자 상사는 더 화가 나서는 다른 직원들이 보는 앞에서 이렇게 소리쳤다.

"페이 씨는 뭐가 그렇게 잘났는데? 잘못을 저질러놓고 다른 사람 핑계나 대고 말이야! 다음에는 또 무슨 사고를 치려고?"

그러고는 사무실을 나가버렸다. 페이는 너무 당황스러워서 그 자리에 멍하니 서 있었다.

그녀도 상사가 자신을 일부러 괴롭히고 있다는 사실을 알고 있었다. 사실 페이가 저지른 실수는 회사에 어떤 영향도 주지 않는 정말 사소한 것이었다. 만약 다른 사람이 같은 실수를 저질렀다면 가볍게 주의만 주고 넘어갔을 문제였다.

"설령 내 잘못이 크다고 해도 다른 직원들이 다 보는 앞에서 그렇게 소리칠 것까지는 없잖아. 게다가 이제 직원들마저 상사한테 잘 보이려고 나를 냉대한다니까. 나는 이 모든 문제를 그냥 좋게 넘기고 싶은데, 상사가 점점 압박을 해오고 있어서 어떻게 해야 할지 모르겠어. 이제 아침에 출근하는 것도 스트레스야. 이직도 생각해봤는데 찾아보니 여기만큼 조건 좋은 데도 없더라고."

"이직 생각을 하고도 회사를 그만두지 않았다는 건 지금 다니는 회사에 남는 편이 낫겠다고 생각한 거지? 기왕 그렇게 결정했다면 그냥 지금 상황에 적응하려고 노력해봐. 상사가 말을 좀 험하게 했을 뿐이지 직접적으로 너한테 해를 끼친 건 아니잖아. 그냥 한 귀로 듣고 한 귀로 흘려버려."

"나도 그렇게 마음먹기는 했어. 똑같이 속 좁은 사람은 되지 않겠다고 말이야. 그런데 회사에서 막상 냉대를 당하다 보면 열심히 일하고 싶은 마음이 사라져버려. 상사한테 함부로 대들 수도 없는 노릇이고. 이렇게 될 줄 알았으면 그때 무슨 수를 써서라도 꾹 참았어야 했는데, 괜히 논쟁을 벌여가지고…."

내가 말했다.

"지금 와서 후회한다고 달라질 건 없잖아. 차라리 적극적으로 이 문제를 해결하려고 노력해봐. 너희 상사도 여자니까 마음이 여릴 수도 있잖아. 상사라고 생각하지 말고 같은 여자 입장에서 어떻게 하면 상사의 마음이 풀릴지 고민해봐. 그리고 지금은 그냥 면역력을 키우는 시기라고 생각해. 사람이 어떻게 항상 좋은 말만 듣고 살겠어? 그러니까 싫은 소리도 눈 하나 깜짝하지 않고 견딜 수 있는 배짱을 길러야 해."

"그래. 한번 해보지 뭐."

다른 사람에게 싫은 소리 듣는 것을 좋아할 사람이 세상에 어디 있겠는가? 특히 그 사람이 나의 상사라면 더 견디기 힘들 것이다. 설령 상사가 아니라 해도 그런 말을 듣고 마음이 편할 사람은 없을 것이다.

그러나 살다 보면 직접적으로든 간접적으로든 누군가 나에 대해 험담을 하거나 싫은 소리 하는 것을 듣게 된다. 그런 말들은 나의 단점을 드러내기도 하고, 내 행동을 조롱하기도 하며, 그동안 쌓아놓은 명성을 무너뜨리기도 한다. 그러니 결코 기분 좋은 일은 아니다.

그러나 기분이 상하는 건 둘째 치고, 그런 말을 들었다면 문제를 해결하는 것이 우선이다. 모든 일에는 반드시 원인이 있다. 그 사람이 왜 내게 그런 말을 했는지 이유를 알아야 한다. 만약 그 사람이 나뿐만 아니라 다른 사람들에게도 함부로 말하는 사람이라면 그 사람이 내게 무슨 말을 하든 신경 쓰지 않아도 된다. 그러나 그 사람이 내게만 그런 말을 했다면 무슨 이유에서 그랬는지 살펴볼 필요가 있다. 그리고 만약 내 잘못을 인정한다면 고치려고 노력해야 한다.

어린아이를 오냐오냐 하며 키우면 버릇이 나빠져 아이의 장래를 망칠 수 있다. 그렇듯 인생에 꽃길과 박수갈채만 있다면 자만에 빠져 자신의 진짜 모습을 보지 못하게 된다. 그러나 적절한 시기에 날아오는 계란 세례는 정신을 바짝 차리고 나를 돌아보게 만든다. 그런 의미에서 본다면 누군가의 독설에 감사하는 마음을 가져야 한다.

어쩌면 독설에 감사할 만큼 자신의 마음이 넓지 않을 수도 있다. 그러나 어쨌든 누군가 귀에 거슬리는 소리를 했을 때 불같이 화내지 않았다면 그것만으로도 충분하다. 여러 번도 아니고 단 한 번뿐인 인생인데, 다른 사람의 말에 일희일비할 필요는 없다. 만약 누군가의 독설이나 험담에 폭발해버리거나, 주변 사람들의 비웃음에 하던 일을 포기해버린다면 그 인생은 더 이상 내 것이라고 할 수 없을 것이다. 그런 인생은 나 자신을 위해 사는 것이 아니라 다른 사람을 위해 사는 것이기 때문이다. 사람들이 생각 없이 던지는 말들을 한쪽 귀로 듣고 한쪽 귀로 흘려보내는 것이야말로 자기 자신을 진심으로 사랑하는 태도다.

사회생활을 하는 사람이라면 처세에 능해야 하고, 만약 처세에 능하지 않다면 넓은 아량이라도 있어야 한다. 둘 다 갖추지 못한 사람이라면 그저 운이 좋기를 기대해야 한다.

만약 누군가의 독설을 듣고도 눈 하나 깜짝하지 않을 수 있다면 그 사람은 이미 높은 경지에 오른 것이다. 그러나 그것만으로는 충분치 않다. 거기서 한 단계 더 나아가 누군가의 독설을 자신에게 도움이 되는 에너지로 바꿀 수 있어야 한다.

긍정적인 의미에서 본다면 독설은 우리를 앞으로 나아가게 하는 동력이 될 수 있다. 그리고 이처럼 독설을 동력으로 바꿀 수 있는 사람이야말로 진정한 용기와 지혜를 가진 사람이다.

하루는 극작가 차오위[8]가 친구 아서 밀러를 집으로 초대했다. 두 사람이 대화를 나누던 중 아서 밀러가 이렇게 말했다.

"자네같이 유능한 작가들은 사람들에게서 늘 칭찬만 듣고 살겠어."

그러자 차오위가 웃으며 책 사이에 꽂아둔 오래된 편지 한 통을 꺼내 아서 밀러에게 보여줬다. 화가 황융위[9]가 차오위에게 보낸 편지였다. 편지에는 이렇게 적혀 있었다.

"나는 자네가 신중국[10] 건립 이후에 쓴 작품들 중 마음에 드는 것이 하나도 없네. 자네의 작품에서는 더 이상 진심이 느껴지지 않아. 지금 자네가 올라가 있는 자리가 자네를 망치고 있는 것이 분명하네. 주제도 불분명하고, 글의 전개도 어색하고, 예전에 그 아름답던 묘사와 세련된 대사들은 다 어디로 사라졌단 말인가!"

황융위는 차오위를 냉정하게 비판했고, 심지어 모욕적인 말도 서슴지 않았다. 아서 밀러는 차오위가 왜 이런 편지를 책 사이에 고이 간직하고 있었는지 의아했다. 그 이유에 대해 말하면서 차오위는 그 편지가 지금껏 자신을 앞으로 나아가게 하는 동력이 되었다고 했다. 그는 자신이 산만하고 나태해졌다는 생각이 들 때마다 그 편지를 꺼내 읽었다고 했다.

차가운 말 한마디에서
내게 필요한 에너지를
뽑아낼 수 있다면!

이것이 바로 독설에 대처하는 가장 이상적인 태도다.

오늘날처럼 인터넷이 발달한 시대에 누군가의 비판과 독설은 피할 수 없는 운명이다. 중요한 것은 그런 말을 들었을 때 어떤 태도를 취하느냐다. 누군가의 말 한마디에 하던 일을 포기해버린다면 그 사람에게 당신의 강한 면을 보여줄 기회를 영영 잃게 된다. 그러나 만약 나무가 차가운 땅속에서 필요한 영양분을 섭취하듯 어둡고 차가운 말 한마디에서 당신에게 필요한 에너지를 뽑아낼 수 있다면 당신은 누구보다 강한 사람이 될 수 있을 것이다.

―8   중국 현대 극작가 차오위(曹禺)

―9   중국이 배출한 세계적인 화가 황융위(黃永玉)

―10 1949년 중국공산당이 중국 대륙에 수립한 사회주의 체제의 인민공화국

좋아하지 않는 사람과
어울리는 법

감옥살이를 하는 죄수가 한 명 있었다. 죄수는 한 평 남짓밖에 되지 않는 좁은 감옥에 갇혀 있었다. 그는 마음대로 돌아다닐 수도 없는 좁은 감옥이 답답했고, 늘 원망과 분노로 가득 차 있었다. 죄수는 이 감옥이야말로 인간 세상에서 맛볼 수 있는 생지옥이라고 생각했다.

어느 날 죄수의 작은 감옥에 파리 한 마리가 날아들었다. 파리는 '위이잉~' 소리를 내며 감옥 이곳저곳을 날아다녔다. 죄수는 속으로 생각했다.

'안 그래도 짜증나 죽겠는데 파리까지 나를 괴롭히네. 안 되겠다! 내 저 녀석을 잡고야 말겠어.'

죄수는 파리를 잡아보려고 애썼지만 재빠른 파리는 그의 손을 용케 빠져나갔다. 파리가 동쪽으로 날아가면 죄수도 동쪽으로 돌진하고, 파리가 서쪽으로 날아가면 죄수도 서쪽으로 뛰어들었다. 그러나 끝끝내 파리는 잡지 못했다.

파리를 잡으려다 지친 죄수가 중얼거렸다.

"지금 보니 이 감옥은 정말 넓구나! 내가 지금껏 파리 한 마리도 못 잡을 만큼 넓은 곳에서 살고 있었구나."

그는 파리 한 마리 덕분에 한 가지 이치를 깨달았다.

'마음이 괴로우면 세상도 좁아 보이고, 마음이 평온하면 침대 한 칸도 드넓어 보인다.'

마음이 바다처럼 넓을 때는 눈에 거슬리고 싫은 사람이 있어도 별로 신경 쓰이지 않는다. 이 세상에 싫어하는 사람이 많다는 것은 마음이 넓지 않다는 것을 증명할 뿐이다.

사람은 누구나 자신만의 사고방식과 생활방식이 있기 때문에 모든 것을 자기 뜻에 맞출 수 없다. 또 상대방에게 내가 원하는 방식을 무조건 강요해서도 안 된다. 내가 누군가를 미워하고 싫어할 때, 그 누군가도 나를 미워하고 싫어할 수 있다는 것을 알아야 한다.

사람은 저마다 살아가는 환경이 다르므로 성격도 모두 다르다. 이 사회는 서로 다른 성격을 가진 사람들이 모여 이룬 거대한 공동체다. 그리고 그 공동체 안에는 분명 나와 성격과 기질이 맞지 않는, 내가 싫어하는 사람도 있기 마련이다. 그러나 중요한 것은 내가 싫어하는 사람이 있느냐 없느냐가 아니라, 그런 사람과도 함께 어울리는 법을 배워야 한다는 것이다.

마크는 한 중견회사의 영업사원이다. 마크는 그 회사가 설립된 초기에 입사해 현재까지 일하고 있으며, 회사와 함께 성장해온 유능한 직원이었다.

그러던 어느 날, 인사이동으로 마크와 함께 일하던 팀장이 다른 부서로 자리를 옮기게 되었다. 마크는 당연히 자신이 팀장 자리에 앉게 될 거라고 생각했다. 그러나 그의 예상과 달리 회사에서는 외부에서 새로운 팀장을 영입해왔다.

하루는 마크와 새로운 팀장이 중요한 고객과의 미팅을 함께하게 되었다. 한창 미팅이 진행 중이었는데, 마크는 갑자기 회사 업무와 관련해 급하게 처리해야 할 일이 떠올랐다. 마크가 급한 마음에 미팅 자리에서 일어서려고 하자 고객은 회사에서 자신의 프로젝트를 중요하게 생각하지 않는 것 같다며 불만을 표시했다. 이에 팀장은 사람들이 모두 보는 앞에서 마크를 심하게 꾸짖었다.

마크는 창피하고 화가 나서 도저히 참을 수가 없었다. 명색이 회사 창업 멤버니 같은 직원인데, 고객 앞에서 체면을 구겨놓다니! 그동안 마크는 이래저래 팀장에 대한 불만이 쌓여 있었다. 그는 팀장이 제대로 아는 것도 없으면서 잘난 척이나 한다고 생각해왔다. 결국 화를 참지 못한 마크는 팀장과 한바탕 말싸움을 벌인 후 자리를 박차고 나가버렸다.

그 사건 이후 마크는 팀장과 함께 일하는 것이 불편했다. 그는 가급적 팀장과 말을 섞지 않으려고 했고, 팀장과 둘만 있는 자리를 피해 다녔다. 마크는 팀장의 수하에서 벗어나기 위해 회사를 옮길까도 고민해봤지만 지금 직장보다 마음에 드는 일자리를 구할 수 있을 것 같지 않아서 생각을 접었다.

마크는 굉장히 난처한 상황에 처해 있었다. 팀장의 지시사

항에 따르고 싶지 않았지만 상사의 말을 거역할 수도 없는 노릇이었다. 이런 문제들을 신경 쓰다 보니 마크의 업무 실적은 자연스레 떨어졌다.

하지만 누구를 탓할 수 있을까? 밉상인 팀장을 탓해야 할까? 그런데 이건 아마 팀장의 문제는 아닐 것이다. 마크는 처음부터 팀장에 대한 편견을 갖고 있었다. 자신이 이 회사에서 더 오래 일했기 때문에 팀장보다 아는 것이 더 많다고 생각했다. 그래서 팀장이 사람들 앞에서 망신을 줬을 때 도저히 참을 수 없었던 것이다. 하지만 다른 각도에서 생각해보면 팀장은 그 자리에 앉아 있는 것만으로 팀장으로서의 능력을 충분히 증명한 셈이다. 게다가 고객들 앞에서 마크를 꾸짖은 것은 고객을 중요하게 생각했기 때문이다.

결국 마크가 팀장을 싫어하게 된 것은 팀장의 잘못 때문이 아니라 마크 자신이 갖고 있던 편견 때문이었다. 그는 처음부터 팀장을 가상의 적으로 생각했던 것이다. 그러니 어떻게 팀장을 좋아할 수 있었겠는가? 자신이 싫어하는 사람과 하루 종일 붙어 있어야 하는 것은 결코 유쾌한 일이 아니다. 그러나 스스로 이러한 상황을 자초했으니 누구를 탓하겠는가!

싫어하는 사람과 함께 어울리기 위해서는 먼저 자신이 바뀌어야 한다. 싫어하는 그 사람에게 조금 더 너그러운 마음을 갖는다면 자연스럽게 관계가 개선될 것이다. 누군가를 싫어하는 데는 분명 이유가 있지만 그럼에도 불구하고 그 사람의 단점보다 그의 장점을 찾으려고 노력해보길 바란다.

하멍은 예전에 한 에어컨 판매 회사에서 일을 한 적이 있는데, 그 회사의 사장은 아주 까다롭고 엄격한 사람이었다. 하멍은 최선을 다해 일을 했지만 까다로운 사장은 언제나 하멍의 실수를 찾아냈다. 하멍은 책상 정리를 하지 않는다고, 서류에 부호를 잘못 기입했다고, 손님이 왔는데 차를 내오지 않았다고 지적을 받았다. 그래서 하멍은 사장을 좋아하지 않았지만 그의 뛰어난 능력만큼은 우러러봤다.

나중에 사장의 아내에게서 그에 대한 이야기를 들을 기회가 있었다.

그가 처음 베이징에 왔을 때 그는 여기저기 에어컨을 팔러다니는 일부터 시작했다. 보잘 것 없는 영업사원이었던 그는 일이 잘 풀리지 않을 때는 공원에서 잠을 자야 할 만큼 사정이 좋지 않았다. 하지만 그는 성실하게 노력해 영업사원에서 팀장으로 승진했고, 얼마 후 그동안의 경험과 모아둔 돈으로 자신의 회사를 차렸다.

그의 아내가 말했다.

"남편은 무슨 일을 하든 최선을 다해요. 스스로 그 어떠한 실수도 용납하지 않으려 하죠. 그이는 회사를 차리고 나서도 가급적 모든 일을 자기 손으로 처리하려고 노력한답니다."

사장은 술과 담배를 전혀 하지 않고 고객들과도 늘 친밀한 관계를 유지했다. 그의 부인은 사장을 '성실함' 그 자체라고 표현했다.

그 이야기를 들은 후 하멍은 사장이 꾸짖을 때마다 속으로 더 열심히 노력하자고 스스로를 다독였다. 그리고 차차 사장처럼 성실하고 일을 꼼꼼하게 처리하는 직원이 되어갔다.

살다 보면 주변에 늘 좋은 사람만 있을 수는 없다. 분명 나를 화나게 하고 짜증나게 하는 사람이 한두 명쯤은 있을 것이다. 세상 모든 사람들이 훌륭한 인격과 교양을 가지고 있는 것은 아니기 때문이다. 그러니 그런 사람이 있다면 다음과 같은 방법으로 관계를 개선하려고 시도해보라.

1. 누군가를 싫어할 수는 있다. 그래도 그 사람을 반드시 존중해주어야 한다.
2. 공격성이 강한 사람과 함께 지낼 때는 그 사람의 말 한마디 한마디를 마음에 담아두지 않도록 한다.
3. 상대방 입장에서 생각하고 그의 장점을 찾아본다.
4. 관계가 좋지 않을 때는 먼저 손을 내민다. 자존심 때문에 소중한 인맥을 놓쳐서는 안 된다.
5. 인간관계에서 소통하고 적응하는 능력은 매우 중요하다. 늘 침착하기 위해 노력해야 한다.

나를 힘들게 하는 상사든, 짜증나게 하는 동료든 그들을 피하는 것만이 능사는 아니다. 어떻게 하면 그들과 함께 잘 지낼지 고민하고 그들과 어울리기 위해 시도한다면 서서히 관계가 개선될 것이다. 그리고 내가 싫어하는 사람과 어울리는 것이 그리 어려운 일만은 아니라는 사실을 깨닫게 될 것이다.

PART 4.

큰길이 되지 못하면 작은 오솔길이 되면 그만이다

66

춤추라, 아무도 보고 있지 않은 것처럼
사랑하라, 한 번도 상처받지 않은 것처럼
노래하라, 아무도 듣고 있지 않은 것처럼
일하라, 돈이 필요하지 않은 것처럼
살라, 오늘이 마지막 날인 것처럼

－알프레드 D. 수자

99

당신은
이 세상에서
유일무이한
특별한 존재!

우리는 자기도 모르게 다른 사람과 끊임없이 비교하며 살아
간다. 이것이 자연적인 현상이든, 후천적으로 만들어진 현상
이든 사람들은 머리부터 발끝까지 남과 비교하지 않는 것이
없을 정도다. 그리고 이러한 비교를 통해 사람에게는 여러 가
지 꼬리표가 붙는다.

키 작음, 잘생김, 피부가 까무잡잡함, 못생김, 가난함, 능력
없음…. 하지만 이런 꼬리표가 다 무슨 소용일까? 사람의 아
름다움은 그 사람이 자기 자신을 얼마나 아름답게 바라보느
냐에 따라 결정된다. 나는 이러한 이치를 한 청소부 아주머니
를 통해 깨달았다.

오래전 내가 다니던 회사에서 청소부 아주머니 한 분을 새
로 채용했는데, 그 아주머니는 지긋한 나이에도 치마를 즐겨
입었고, 곱게 화장한 얼굴에는 언제나 미소가 가득했다. 그래

서 그런지 아주머니는 나이보다 훨씬 젊어 보였다.

아주머니가 온 이후로 회사는 늘 먼지 한 톨 없이 깨끗했고, 덩달아 직원들의 기분도 좋아졌다.

"내가 원래 더러운 건 못 참는 성격이거든요."

아주머니는 회사에 잘 보이기 위해서가 아니라 자신의 일을 진심으로 즐겼고, 회사에서 요구한 것보다 훨씬 더 많은 일을 했다. 청소처럼 단순한 일에도 최선을 다하는 아주머니의 모습에 직원들은 모두 감탄했다.

아주머니는 언제나 즐겁게 일하셨다. 매일 아침 회사는 갓 목욕을 마친 어린 아기처럼 말끔해졌고, 좋은 향기를 풍겼다. 그 흔한 빗자루와 막대걸레도 아주머니의 손에 들어가면 생명이 깃든 듯 경쾌하게 춤을 췄다.

만약 당신이 우리 회사의 청소부였다면 이렇게 즐겁게 일할 수 있었을까? 아마 당신은 다른 사람들의 시선이나 사회적인 평판 같은 것들에 신경 쓰느라 즐겁게 일하기는커녕 자신의 모습에 만족하지 못했을 것이다.

이처럼 많은 사람들이 자기 자신을 위해 사는 것이 아니라 다른 사람들에게 보여주기 위한 삶을 살고 있다. 그런데 당신은 이런 자신의 모습에 만족하는가?

당신이 어떤 일을 하든, 생김새가 어떻고 어떤 재능을 가졌든 자기 자신의 모습을 있는 그대로 사랑해야 한다. 물론 스스로 마음에 들지 않는 부분도 있을 것이다. 하지만 세상에 완벽한 사람이 어디 있겠는가! 누구나 단점이 한두 가지씩은 있고, 그 단점들은 불평하고 원망한다고 해서 사라지지 않는다. 그러니 차라리 단점을 개선하고 보완해 자신에게 도움이 되도록 만들어보자.

일본에 한 소년이 있었다. 그 소년은 열 살 때 교통사고를 당해 왼쪽 팔을 잃었다. 열두 살이 되던 해에 유도를 배우기 시작하면서 유도에 특별한 재능을 보였다. 그러나 무슨 이유에서인지 3개월이 지나도록 사범님은 소년에게 단 한 가지 동작만 연습시켰다.

소년이 물었다.

"사범님, 저는 더 여러 가지 동작을 배우고 싶습니다."

그러자 사범이 대답했다.

"유도는 두 다리를 빠르게 움직이는 기술만 익히면 된단다."

몇 달 후 소년은 첫 번째 유도 시합에 나가게 되었다. 소년은 처음 두 경기에서 손쉽게 이겨 관중들을 깜짝 놀라게 했다. 세 번째 경기는 앞의 경기만큼 쉽지는 않았지만 소년은 사범이 알려준 단 하나의 동작으로 결국 상대를 쓰러뜨렸다. 시합에 참가한 다른 아이들은 한쪽 팔이 없는 소년이 연달아 세 경기에서 이기는 것을 보고 깜짝 놀라 입을 다물지 못했다.

네 번째 경기의 상대는 힘이 아주 세고 경험이 많은 아이였다. 경기 초반 상대편 선수는 소년을 계속 쓰러뜨렸고, 소년이 다칠까봐 걱정이 된 심판은 경기를 중단시켰다. 그러나 소년은 심판에게 경기를 계속할 수 있다고 말했다.

나는 이 세상에서
유일무이한 특별한 존재!

경기가 다시 시작되었고, 승리할 수 있을 거라고 자만하고 있던 상대편 선수가 중대한 실수를 저지르는 바람에 결국 소년에게 패하고 말았다. 한쪽 팔이 없는 소년은 두 다리를 빠르게 움직이는 숙련된 동작 하나만으로 유도 시합에서 챔피언이 되었다.

집에 돌아오는 길에 소년은 사범에게 용기를 내어 물었다.

"사범님, 저는 두 다리를 빠르게 움직이는 동작밖에 할 줄 몰랐는데 어떻게 시합에서 모두 이길 수 있었을까요?"

사범이 말했다.

"거기에는 두 가지 이유가 있단다. 첫 번째는 네가 유도에서 가장 중요한 기술을 능숙하게 사용할 수 있었기 때문이고, 두 번째는 네 왼쪽 팔을 철저하게 방어했기 때문이란다."

이처럼 당신의 치명적인 단점이 때로는 강점으로 작용할 때도 있다.

당신은 이 세상에 유일무이한 특별한 존재다. 당신은 눈에 넣어도 아프지 않을 부모님의 소중한 자식이고, 배우자의 하나뿐인 동반자이며, 아이들에게는 세상의 전부다. 심지어 당신의 단점마저도 당신을 특별하게 만들어준다.

단점이 조금 많으면 어떤가? 세상 모든 사람들이 완벽하다면 그 누구도 특별해 보이지 않을 것이다. 각자에게 있는 다양한 결점들이야말로 한 사람 한 사람을 특별하게 만든다. 세상에 단 하나뿐인 당신의 모습은 당신이 가진 장점과 단점들이 모여 만들어진 것이다.

실수하고 실패해도 괜찮다. 세상에 완벽한 사람은 없다. 살면서 성공할 수도 있고 실패할 수도 있다. 얻는 것이 있으면 잃는 것도 있기 마련이다. 이런 것들은 당신이 마음대로 바꾸거나 선택할 수 있는 것이 아니다. 성공과 실패가 인생의 한 부분이기는 하지만 거기에만 집중하다 보면 인생은 행복에서 점점 멀어지게 된다.

우리는 살아가면서 수많은 시련과 좌절을 겪게 된다. 그러나 어떤 일이 생겨도 자신의 가치를 잃어버려서는 안 된다.

당신은 자기 자신을 사랑하는 법을 배워야 한다. 다른 사람보다 키가 크지 않아도, 눈이 작고 콧대가 낮아도, 얼굴이 까무잡잡하더라도 말이다. 당신 힘으로 바꿀 수 없는 것은 기꺼이 받아들이고, 바꿀 수 있는 불완전한 것들은 적극적으로 개선해나가는 것이야말로 인생을 살아가는 올바른 태도다.

키나 생김새 같은 객관적인 요소들이 당신의 장점이 아닐 수도 있지만, 그렇다고 단점이라고 단정할 수도 없다. 그러나 당신이 어떤 모습이든 당신은 스스로를 사랑해야 한다. 자기 자신에게조차 사랑받지 못하는 사람이 어떻게 다른 사람의 사랑을 받기를 기대하겠는가?

인생의 가치는 당신 스스로 만드는 것이다. 현실을 받아들이고 당신 자신을 사랑하라. 이러한 믿음이야말로 당신의 인생에 경쾌한 생명력을 불어넣을 것이다.

불공평한
세상에서의
가장 완벽한
결말

부푼 꿈을 안고 사회에 첫발을 내딛고 여러 해 일하다 보면 '공평'이라는 단어에 대해 다시 인식하게 된다.

　이틀 전 친구 하나가 나를 붙잡고 하소연했다.

　"나는 지금까지 정말 열심히 일했어. 그런데 그렇게 일만 하다 보니까 어느새 중년이 되어 있더라고. 나는 이제야 회사에서 그럴 듯한 직함이 생겼어. 집도 샀는데, 30년짜리 담보대출의 힘을 좀 빌려야 했지. 그런데 원래부터 부잣집 출신인 동료들이 사는 걸 보니까 나와는 출발선이 아예 다르더라? 세상이 원래 이렇게 불공평한 곳이었니?"

　나는 웃으며 말했다.

　"배부른 소리 하지 마. 대출을 끼었다고 해도 어쨌든 넌 집을 샀잖아. 계약금 낼 돈조차 없어서 집 사는 건 꿈도 못 꾸는 사람이 얼마나 많은데. 그들도 너를 보면 세상이 불공평하다고 생각하지 않을까?"

　그렇다. 누가 세상이 공평하다고 했던가! 세상은 원래 불공평한 곳이다. 예를 들어, 가난한 사람이 접시를 싹싹 비우면 궁상맞다고 비웃지만, 부자가 접시를 싹싹 비우면 성품이 검소하다고 칭찬한다. 보통 사람이 집을 잘못 찾아가면 정신머리가 없다는 소리를 듣지만, 천재 과학자가 집을 잘못 찾아가면 집중력이 대단하다며 감탄한다.

　유명한 투자자이자 워렌 버핏이 세운 버크셔 해서웨이의 부회장인 찰스 멍거는 이렇게 말했다.

　"이 세상의 본 모습을 꿰뚫어 본다면 터무니없어서 웃음만 나올 것이다."

　인생은 도박과 같다. 기왕에 판을 벌였다면 좋은 패를 가졌든 나쁜 패를 가졌든 게임을 계속해야 한다. 어쩌면 운이 따르지 않을 수도 있다. 그럴 때는 초조하고 불안한 마음을 가라앉히고 자신이 가진 패로 최선을 다해 게임에 임해야 한다.

　2008년 세계 경제는 심각한 위기에 빠졌다. 그러나 도박의 도시 라스베이거스는 경제 위기의 영향을 전혀 받지 않는 듯 그곳 사람들은 여전히 호화로운 생활을 즐기고 있었다.

　어느 날 저녁, 라스베이거스에서 권투시합이 열렸다. 시합의 총 상금은 무려 1억 달러에 달했고, 승자는 6,500만 달러를, 패자는 3,500만 달러를 받기로 돼 있었다. 그날 시합에 출전한 선수는 '골든보이'라 불릴 정도로 명성이 자자했던 미국의 오스카 델 라 호야 선수와 '필리핀의 권투 왕' 매니 파퀴아오 선수였다.

그날 시합이 사람들의 이목을 끌었던 건 두 선수의 체구 때문이었다. 오스카 델 라 호야는 키 180센티미터에 건장한 체격을 가진 미국인이었고, 매니 파퀴아오는 키 168센티미터에 한눈에 봐도 상대편 선수보다 체구가 훨씬 작은 동양인이었다. 게다가 파퀴아오는 집안 형편이 좋지 않아 전문적인 훈련을 제대로 받은 적도 없었다.

그래서 시합 전 많은 사람들이, 심지어 파퀴아오의 팬들마저도 델 라 호야가 이길 거라고 확신했다. 그러나 파퀴아오에게는 힘든 어린 시절을 보내며 다져진 불굴의 의지가 있었다. 그는 자신의 실력을 의심하는 사람들에게 이렇게 말했다.

"많은 사람들이 오스카 델 라 호야가 저보다 훨씬 크다고 말하지만 저는 계속 몸을 키우고 있는 중이고, 여러분들이 생각하시는 것만큼 약한 사람이 아닙니다."

시합이 시작되자 파퀴아오는 관중들에게 자신의 실력을 여지없이 보여줬다. 그의 주먹은 마치 거센 빗방울처럼 델 라 호야의 몸을 강타했다. 그의 주먹은 상대방이 손쓸 틈도 없을 만큼 빠르고 정확했다.

시합이 끝나고 미국의 한 칼럼니스트는 파퀴아오를 두고 이렇게 말했다.

"칭기즈칸 이후 서방 세계를 다시 한 번 점령한 위대한 전사가 나타났다."

그러나 엄밀히 말하면 파퀴아오의 조건은 칭기즈칸보다 훨씬 열악했다.

타고난 신체 조건도 기술도 부족했지만 자신의 실력으로 시합에서 이긴 파퀴아오는 사람들에게 중요한 깨달음을 줬다. 그건 바로 자신에게 주어진 조건이 아무리 열악하다 해도 할 수 있다는 믿음과 노력만 있으면 얼마든지 기적을 만들고 성공을 거둘 수 있다는 사실이다.

혹시 파퀴아오 만큼은 아닐지라도 조금의 노력도 하지 않으면서 세상이 불공평하다고 원망만 하고 있지는 않은가? 만약 그런 사람이 있다면 그 사람은 평생 한 걸음도 앞으로 나아가지 못할 것이다.

필리핀의 전 외교부 장관이었던 카를로스 로물로는 신발을 신어도 키가 겨우 163센티미터였다. 그는 작은 키가 콤플렉스였고, 젊은 시절에는 조금이라도 커 보이기 위해 굽 높은 신발을 신기도 했다. 하지만 그런다고 달라지는 것은 없었다. 오히려 자신을 기만하고 있다는 생각에 마음이 무거웠다. 그래서 그는 굽 높은 신발을 버리고 당당해지기로 마음먹었다.

놀랍게도 훗날 그가 세운 업적들은 모두 그의 작은 키와 관련이 있다. 다시 말해 작은 키가 그를 성공으로 이끌어주었던 것이다. 그는 키가 작으면 오히려 유리한 점이 많다고 했다. 사람들은 키 작은 사람들이 어떤 일을 해내면 생각지도 못했다는 듯 크게 감탄했다. 평범하기 그지없는 일도 키 작은 사람이 하면 대단한 일처럼 보이는 모양이었다. 그러면서 그는 다음 생에도 키 작은 사람으로 태어나고 싶다고 말했다.

'다음 생'이라고 하니 열세 살의 어린 황제 유준이 했던 말이 떠오른다. 남북조 시대 유송(劉宋)의 마지막 황제였던 순제 유준은 자신의 자리를 노리며 병사들을 이끌고 쳐들어온 신하 앞에서 눈물을 흘리며 이렇게 말했다.

"다음 생에는 황실의 후손으로 태어나지 않으리!"

사실 세상이 공평한지 불공평한지 객관적으로 판단하기는 어렵다. 결국 이 문제의 최종 결론은 자기 자신만이 내릴 수 있다. 우리는 우리에게 주어진 환경을 마음대로 바꿀 수는 없지만, 그 환경에 어떻게 적응하면서 살지는 얼마든지 정할 수 있다.

동화 속 미운 오리 새끼는 혼자만 다르게 생겼다는 이유로 다른 오리들로부터 놀림을 받는다. 우리도 때로는 미운 오리 새끼처럼 남과 다르다는 이유로 비웃음을 사기도 한다. 그러나 현실은 동화와 다르다. 우리가 미운 오리 새끼처럼 백조로 변신할 수는 없는 노릇이다. 그러니 다른 사람들의 비웃음을 참고 견디면서 그것을 동력 삼아 자신의 운명을 개척해나가야 한다. 이런 대응이야말로 우리 삶을 완성하는 가장 완벽한 결말이 아닐까?

적대적인
인간관계에
대처하는 법

현대인들이 받는 스트레스는 크게 두 가지로 나눌 수 있는데, 첫 번째는 학업, 업무, 성과 등 개인의 자아실현과 관련된 것이고, 두 번째는 인간관계와 관련된 것이다. 일상생활 속에서든 직장에서든 다른 사람과의 관계는 사람들에게 많은 영향을 끼친다.

특히 직장생활을 하는 사람들은 거의 대부분의 시간을 직장에서 보내게 되는데, 그만큼 일과 관련된 관계에서 받는 스트레스는 크다. 게다가 직장이라는 곳은 친구보다 적이 훨씬 더 많은 곳이다. 얼마 전 미국의 직장인 중 3분의 1 이상이 직장 내에서 따돌림을 당한 경험이 있다는 내용의 기사를 접한 적이 있는데, 그 수치에 놀라기는 했지만 사실 이게 현실이다.

누군가 나를 무시하고 적대시할 때는 어떻게 대처해야 할까? 이런 상황을 겪게 되면 사람들은 행복감이 크게 떨어지고 마음도 편치 않게 된다. 게다가 따돌림 같은 괴롭힘을 당하면 몸과 마음에 크나큰 상처를 받게 된다.

같은 부서의 직원들이 모두 참석하는 회의가 열리는데 나만 통지받지 못한다거나, 신나게 이야기하던 동료들이 나만 지나가면 갑자기 조용해진다거나, 사무실에서 나를 투명인간 취급을 한다거나⋯. 이런 따돌림은 한 무리의 사람들이 주도하는 것일 수도 있고, 한 사람이 벌이는 일일 수도 있다. 어쨌든 따돌림을 당하면 마음에 큰 상처를 입게 되는데, 이런 상황이 지속되다 보면 결국 건강에도 악영향을 미치게 된다.

당신이 만약 이런 상황에 처한다면 어떻게 해야 할까? 직장이 아니더라도 사람들이 모여 있는 곳이라면 마찰과 갈등이 완전히 없을 수는 없다. 그런데 이때 당신이 할 수 있는 일은 사실 당신 자신을 바꾸는 것밖에 없다.

살다 보면 당신을 좋아하고 존경하고 지켜주려는 사람도 있겠지만, 반대로 있지도 않은 사실을 만들어내 비방하고 공격하는 사람도 있을 수 있다. 특히 조직이 크면 클수록 더 그럴 것이다.

만약 당신에게 사람들이 정말로 싫어할 만한 문제가 있다면, 그것은 당장 고쳐야 한다. 그런데 만약 당신이 다른 사람들보다 능력이 뛰어나서 시기와 질투를 받는 것이라면 어떻게 해야 할까? 사람들의 행동에 일일이 반응해야 할까? 아니다. 반응을 보이는 것, 특히 화를 내는 것은 상대방의 작전에 정확하게 걸려드는 것이다.

당신의 능력이 뛰어나서 받는 시기와 질투라면 사실 화낼 일이 아니라 기뻐할 일이다. 그럴 때 당신이 할 수 있는 것은 그들보다 더 뛰어난 사람이 되는 것뿐이다.

뒤에서 험담하는 것까지는 막을 방법이 없다. 언제, 어디에서 당신을 험담할지 모르는 일이기 때문이다. 비방과 험담에 대처하는 가장 좋은 방법은 그저 말없이 웃어넘기는 것이다.

루스벨트 대통령은 미국 역사상 가장 훌륭한 대통령으로 평가받고 있지만 그가 재임할 당시에는 대부분의 신문사들이 매일 그를 비난하는 기사를 내보냈다. 루스벨트는 자신을 비난하는 신문 기사를 가위로 오려두었다가 사람들이 찾아오면 보여주곤 했다.

"이것 좀 보세요. 누가 또 내 욕을 했더군요. 이번에는 아주 신랄하더이다."

웃어넘기는 것이야말로 사람들의 질투 어린 비방에 맞서는 가장 좋은 방법이다. 물론 아무나 쉽게 할 수 있는 일은 아니다. 자신을 비방하는 말을 들으면 화가 나는 것이 당연하다. 그러니 꿈쩍하지 않고 웃으며 대처하기 위해서는 엄청난 노력이 필요하다.

자신의 행위에 한 점 부끄러움이 없고 당당하다면 옆에서 누가 뭐라고 비방을 하든 거기에 크게 신경 쓸 필요 없다. 아무 반응을 보이지 않는 것도 좋은 방법이다. 애써 해명하고 변론하려다가 자칫 스스로 무덤을 파게 될 수도 있기 때문이다.

아무 반응도 하지 않고 무시하는 것보다 한 차원 더 높은 경지는 바로 적을 친구로 만드는 것이다. 물론 그러기 위해서는 엄청나게 넓은 마음과 기교가 필요하다. 그래도 한번 도전해보지 않겠는가? 처음 시작할 때는 넓은 마음만 있으면 된다.

상대방의 적대감과 질투심을 넓은 마음으로 받아줄 수 있다면 당신은 인생의 그 어떤 일도 이겨낼 수 있을 것이다. 당신 주변 사람들을 모두 천사라고 여기면 당신은 천국에 살고 있는 것이고, 주변 사람들 모두를 악마라고 여기면 지옥에 떨어져 살고 있는 것이다. 천국과 지옥 중 어느 곳에 살 것인지는 스스로 선택하는 것이다.

어떤 사람이 인간관계 때문에 힘들어하다가 깊은 산속 절에 있는 스님을 찾아갔다. 그는 스님에게 자신의 고민을 털어놓았다. 그러자 스님은 그를 한 선방으로 데리고 갔다. 선방에 있는 탁자 위에는 물이 한 컵 놓여 있었다.

스님이 웃으며 말했다.

"이 물을 좀 보십시오. 여기 놓아둔 지 한참 되어서 먼지가 쌓였을 법도 한데 여전히 맑고 깨끗해 보이죠? 어떻게 이렇게 깨끗해 보이는 걸까요?"

그는 물컵을 들여다보면서 잠시 생각을 하다가 이렇게 대답했다.

"그야 먼지가 컵 아래로 가라앉았기 때문이겠죠."

스님이 고개를 끄덕이며 말했다.

"인생도 바로 이 물컵과 같습니다. 물을 탁하게 만들 것인지, 깨끗하게 유지할 것인지는 자기 자신에게 달려 있습니다."

다른 사람들의 비방과 질투는 공기 중의 먼지처럼 여기저기 흩날리다가 내 물컵으로 떨어진다. 이때 마음을 가라앉히고 넓은 마음으로 그것들이 저절로 가라앉기를 기다린다면 물을 깨끗한 상태로 유지할 수 있지만, 괜히 먼지를 없애겠다고 뒤적거리다 보면 물과 먼지가 뒤섞여 혼탁해질 것이다.

넓은 마음을 가지면 당신의 영혼은 더 맑고 깨끗해진다. 다른 사람들의 비방과 질투에 담담하게 대처할 수 있는 사람은 세상 모든 것을 품을 수 있다. 너그러움의 가장 높은 경지는 세상에 대한 미움과 원망은 덜고, 따뜻함과 친절함은 더하는 것이다. 마음이 너그러우면 많은 일들이 저절로 해결된다.

당나라의 승려이자 시인이었던 한산과 습득이 주고받은 대화에서도 그 지혜를 읽을 수 있다.

한산이 습득에게 말했다.

"세상 사람들이 나를 비방하고 업신여기고 욕하고 비웃고 깔보고 천대하고 미워하고 속이니 어떻게 해야 합니까?"

그 말을 듣고 습득이 말했다.

"참고 양보하고 내버려두고 회피하고 견뎌내고 공경하고 그와 함께 따지지 않으면 몇 해 후에는 그들이 그대를 보게 될 것이다."

자신을
힘들게 하고
상처 주는 것들을
놓아버리라

송나라의 시인이자 산문가였던 소식은 이런 문장을 남겼다.

"가야 할 곳으로 가고, 멈춰야 할 곳에서 멈춘다."

나는 이 한 문장에 인생의 지혜가 모두 담겨 있다고 생각한다. 자신이 가야만 하는 곳이 있다면 그곳으로 가고, 멈추지 않을 수 없는 곳에서 멈추는 것이야말로 인생에서 가장 중요한 태도가 아닐까?

인생에서 '가야 할 곳'과 '멈추지 않을 수 없는 곳'을 판단하기 위해서는 상당한 지혜가 필요하다. 그런데 그보다 어려운 것은 판단을 내린 다음 그것을 용기 있게 실천하는 것이다.

대학 동창인 친구에게는 오래 사귀어온 남자친구가 있었다. 그는 대학을 졸업하고 한참 동안 일자리를 구하지 못해 여자친구에게 기대 지냈다. 그런데 언제부터인가 고마워하기는커녕 괜한 꼬투리를 잡는가 하면 손찌검을 하기도 했다. 그러면서 나중에 미안하다는 말 한마디가 없었다. 나는 왜 친구가 그 남자와 계속 사귀는지 이해할 수 없었지만 그 친구는 남자친구와 헤어질 생각이 없어 보였다. 주변 사람들이 보다 못해 그 친구에게 남자친구와 그만 만나는 게 어떻겠냐고 하자, 친구는 이렇게 말했다.

"다른 사람 만난다고 뭐가 크게 다르겠어? 그래도 그 사람하고는 처음 만났을 때의 순수한 감정을 서로 간직하고 있단 말이야."

나의 또 다른 친구는 대학을 졸업하고 취직이 안 돼 고생하다가 작은 회사에 겨우 취직이 되어 들어갔다. 그런데 월급은 터무니없이 적었고 상사들은 일을 제대로 가르쳐주기는커녕 구박만 했다. 그는 아침이면 회사에 너무 가기 싫었지만 이직을 하려고 하지는 않았다. 경기가 좋지 않은 상황이라 회사를 옮기기도 쉽지 않았을뿐더러 옮기더라도 사정이 비슷할 거라고 생각한 것이다.

사람들은 자신이 겪어보지 않은 미지의 세계에 대한 두려움이 크다. 반면 현재 자신을 둘러싼 환경이나 자신이 소유한 것에는 편안함과 안정감을 느낀다. 비록 그 환경이 마음에 들지 않더라도 말이다. 그래서 사람들은 자신의 환경을 쉽게 바꾸거나 변화시키려고 하지 않는다.

하지만 이런 생각은 결코 현명하다고 할 수 없다. 예를 들어 당신이 기침을 하는데, 보름이 지났는데도 나아지지 않았다고 치자. 그런데 기침하는 데 익숙해졌다고 해서 병을 고치지 않으려고 하겠는가? 아마 정상적인 사람이라면 당연히 병을 고치려고 할 것이다.

우리는 살아가면서 몇 번이고 잘못된 길로 들어설 수 있다. 그러나 잘못된 길인 줄 알면서도 계속 그 길로 간다면, 그 선택이야말로 잘못된 것이다.

한 강연장에서 학생들이 강사가 어떤 마술을 보여줄지 궁금해 하면서 무대 위를 바라보고 있었다. 강사는 가방에서 입구는 작고 몸통은 둥근 유리병과 풍선을 꺼냈다. 그런 다음 풍선이 충분히 커질 때까지 바람을 불어넣었다.

강사는 유리병과 크게 부푼 풍선을 들어 학생들에게 보여주며 말했다.

"이 풍선을 터트리지 않고 유리병 안으로 넣을 수 있는 사람 있나요?"

강연장에는 갑자기 침묵이 흘렀다. 잠시 후 한 여학생이 용감하게 손을 들고 무대 위로 올라갔다. 여학생은 풍선이 공기의 흐름에 따라 모양을 마음대로 바꿀 수 있다는 사실을 떠올리고 풍선 한쪽을 오므려 유리병에 넣으려고 시도했다. 그러나 유리병 입구가 너무 작은 데다 공기가 가득 찬 풍선은 잘 오므려지지 않았다. 여학생은 결국 포기하고 자리로 돌아갔다. 이어서 여러 사람이 무대 위에 올라가 앞의 여학생과 같은 방법으로 유리병에 풍선을 넣으려고 해봤지만 아무도 성공하지 못했다.

몇 명이 시도한 뒤에 강사가 말했다.

"여러분의 시도는 잘 봤습니다. 그럼 제가 한번 해볼까요?"

강사는 풍선을 손에 들더니 풍선의 매듭을 풀어 바람을 빼기 시작했다. 풍선은 이내 처음처럼 홀쭉해졌다. 강사는 홀쭉해진 풍선을 입구만 밖으로 나오게 남겨 놓고 유리병 안으로 가뿐하게 집어넣었다. 그러고는 다시 풍선에 바람을 불어넣었고, 풍선은 순식간에 유리병을 꽉 채우며 부풀어 올랐다. 강사는 마지막으로 풍선을 묶은 다음, 풍선의 매듭을 유리병 안으로 쏙 밀어 넣었다.

"보셨죠? 저는 방법을 조금 바꿔봤을 뿐입니다."

학생들은 모두 고개를 끄덕였다.

곧이어 강사는 가방에서 비어 있는 생수병 하나를 꺼내 학생들에게 보여주며 말했다.

"이 유리병을 여기 있는 생수병 안에 넣을 수 있는 사람 있나요?"

유리병은 생수병보다 크기가 훨씬 컸기 때문에 그대로 집어넣는 것은 불가능해 보였다. 그러나 앞서 큰 깨달음을 얻은 학생들은 이미 일반적인 사고방식으로 문제를 바라봐서는 안 된다는 것을 알고 있었다.

그때 한 학생이 자신 있게 무대로 올라가더니 유리병을 책상에 세차게 내리쳤다. 그러자 유리병이 쨍그랑 소리를 내며 여러 조각으로 깨졌다. 그 다음, 학생은 조심스럽게 깨진 유리 조각들을 주워 생수병 안으로 집어넣었다.

강사가 학생들에게 말했다.

"별로 놀라지 않는 걸 보니 다른 분들도 이 방법을 생각했던 모양이네요. 제가 이 실험을 한 까닭은 여러분에게 '변화'

에 대해 알려주고 싶었기 때문입니다. 오늘 여러분 눈으로 직접 본 것처럼 변화의 핵심은 기존의 생각을 완전히 뒤집고 그것을 깨뜨리는 데 있습니다."

나는 인생에서 무언가를 바꾸고 변화시킨다는 것이 얼마나 어려운 일인지 잘 알고 있다. 그것은 엄청난 용기와 지혜가 필요한 일이다. 유리병을 깨거나 풍선에서 바람을 빼내려면 큰 용기와 결단력이 있어야 한다.

사실 우리의 현실은 유리병 안에 든 풍선과 같을 때가 많다. 우리는 원래 있던 유리병에서 빠져나와 새로운 유리병 안으로 들어가고 싶어 하지만 그러려면 풍선 안에 이미 들어 있는 공기를 모두 버려야 한다는 사실 때문에 망설인다. 이 과정은 누구에게나 어렵고 힘들지만 인생을 살아가면서 꼭 필요한 일이다.

찰스 멍거는 워렌 버핏과 달리 조용하고 자신을 잘 드러내지 않는 사람이지만, 이 세상에서 가장 지혜롭고 똑똑한 사람 중 하나다.

그가 했던 말들 중 특별히 기억에 남는 말이 두 가지 있다.

"절대로 돼지와 씨름을 벌여서는 안 됩니다. 둘 다 진흙탕 속에서 뒹굴게 될 수 있는데, 돼지는 그렇게 되는 것을 아주 좋아하기 때문입니다."

"치즈와 똥이 섞이면 결국 모두 똥이 됩니다."

나는 도저히 참기 힘든 일을 겪거나 참기 힘든 사람을 만나면 찰스 멍거의 말을 떠올리면서 위로를 받는다. 그리고 최선을 다해 노력했는데도 상황을 바꾸기 힘들 때는 과감히 떠나기로 결심한다.

인생에서 무언가를 바꾸는 것은 어려운 일이다. 하지만 바꾸고 변화시켜야만 새로운 인생을 시작할 수 있다. 자기 자신을 진심으로 사랑한다면 자신을 힘들게 하고 상처 주는 것들을 과감하게 놓아버리라.

용기,
당신 뜻대로
살고 싶을 때
필요한 한 가지

출세해서 돈을 많이 버는 것이 꿈인 한 남자가 있었다. 하지만 그는 나이가 지긋하게 먹도록 말단 공무원 신세에서 벗어나지 못했다. 남자는 인생이 한 번도 자신의 뜻대로 된 적이 없다며 슬퍼했고, 사람들을 만날 때마다 눈물을 흘리며 신세 한탄을 했다. 사람들은 남자에게 뭐가 그렇게 괴롭냐고 물었다. 그가 말했다.

"나는 젊어서 정말 열심히 살았어요. 처음 만난 상사가 문학을 좋아한다기에 나도 열심히 시를 외우고 글 쓰는 연습을 했죠. 그렇게 열심히 노력해서 겨우 상사의 인정을 조금 받는다 싶었는데 갑자기 그 상사가 떠나고 이번에는 과학을 좋아하는 상사가 왔지 뭡니까. 그래서 나는 또 열심히 과학 공부를 하기 시작했죠. 하지만 상사는 그런 노력은 알아주지도 않고 내가 학력이 낮고 경험이 부족하다는 이유로 내게 중요한 일을 맡기지 않더군요. 그리고 얼마 후 세 번째 상사가 왔어요.

지금 내가 모시고 있는 분이죠. 나는 그동안 공부도 열심히 했고 경험도 충분히 쌓았기 때문에 이번에야말로 인정받을 수 있을 거라고 생각했어요. 그런데 웬걸요. 이번 상사는 앞날이 창창한 젊은 인재들만 좋아하더라고요. 나는 이제 나이가 들어 퇴직을 앞두고 있는데, 제대로 이뤄놓은 게 하나도 없으니 괴롭지 않겠습니까?"

이 사례는 이 남자만의 이야기라고 할 수 없을 정도로 주변에서 흔히 볼 수 있는 사례다. 심지어 지금도 많은 사람들이 이와 같은 방식으로 세상을 살아가고 있다. 그들은 자아가 없는 인생이 얼마나 고통스럽고 무료한지 알지 못한다. 이런 인생은 비겁하고 무의미하다. 이런 사람들은 한 번도 진짜 자신의 인생을 살아본 적이 없을 것이다. 왜냐하면 자신의 뜻대로 살아갈 용기가 없기 때문이다.

에이미는 한 회사에서 6년째 말단 직원으로 일하고 있었다. 해가 바뀌고 매일 새로운 태양이 떠올랐지만 에이미에게는 희망의 빛이 비치지 않았다.

에이미는 자신의 외모가 빼어나지 않다는 사실을 누구보다 잘 알고 있었다. 그렇다고 특출나게 능력을 갖춘 것도 아니었다. 그래서 인생에 큰 기대를 걸지는 않았지만 그래도 어떤 때는 나뭇잎처럼 소리 없이 떨어져 아무도 모르게 땅에 묻혀버릴지도 모른다는 걱정이 들었다.

에이미는 어려서부터 책 읽기와 글쓰기를 좋아하는 문학소

녀였다. 하지만 문학에만 빠져 다른 공부를 소홀히 한 까닭에 결국 문학가의 꿈마저 포기해야 했다.

에이미는 문학에 쏟았던 관심과 노력을 자신의 업무에 쏟았다. 그녀는 자신에게 주어진 업무 외에도 동료들의 일도 적극적으로 도우며 언젠가 좋은 기회가 찾아오기를 기대했다. 하지만 6년이 지나도록 에이미에게는 새로운 기회가 찾아오지 않았다.

어느 일요일, 에이미는 답답한 마음에 산책을 하러 집을 나섰다. 무거운 마음으로 길을 걷던 에이미는 문득 나무뿌리로 만든 조각품을 파는 가게를 발견했다. 가게 안에는 각양각색의 작품이 전시되어 있었다. 동물이나 식물의 모양을 본뜬 작품은 물론, 사람 형상의 조각품도 있었다. 에이미는 그 작품들의 독특한 예술성에 감탄했다.

그녀는 가게 한쪽에서 아직 조각하지 않은 나무뿌리를 살피고 있는 늙은 조각가를 발견했다. 조각가가 들고 있는 나무뿌리는 다른 작품들에 비해 지극히 평범해 보였다.

에이미가 조심스럽게 물었다.

"그 나무뿌리는 조금 평범해 보이는데요."

조각가는 에이미가 있는 쪽을 돌아보지도 않고 계속 나무뿌리를 살피면서 말했다.

"조금 있으면 생각이 달라질 거요."

에이미는 조각가가 이 평범한 나무뿌리를 가지고 어떤 기적을 만들어낼지 기대하며 조각 과정을 지켜봤다. 조각가는 능숙한 솜씨로 나무뿌리를 이리저리 깎아나갔다. 그리고 잠시 후 평범했던 그 나무뿌리는 어느새 독특하고 아름다운 조각품으로 변신했다.

조각품이 완성된 후에야 조각가는 에이미를 바라보면서 말했다.

"사실 나무뿌리들은 다 비슷해 보여도 자세히 보면 각자 저마다의 특징을 갖고 있답니다. 중요한 건 겉으로 보이지 않는 그 특징을 찾아내 세상에 단 하나뿐인 조각품으로 만들어내는 것입니다."

그의 말에 에이미는 깊은 생각에 잠겼다. 그녀는 자신의 숨겨진 재능이 무엇인지 곰곰이 생각해봤다. 비록 지난 6년 동안 한 회사에 몸담아 왔고 능력을 인정받기 위해 열심히 노력했지만, 생각해보니 사실 그 일은 그녀와 잘 맞는 일이 아니었다. 그리고 오래전 포기했던 문학가의 꿈이 늘 가슴 한편에 남아 있다는 사실을 깨달았다. 그 사실을 깨닫자 그녀의 심장이 빠르게 뛰기 시작했다.

그 후 에이미는 회사 일을 하는 틈틈이 문학 공부와 글 쓰는 연습을 했다. 두 가지 일을 병행하려니 힘들기도 했지만 그녀는 그 어느 때보다 즐거웠다. 그리고 3년 후 탄탄한 문학적 기반을 마련한 에이미는 회사를 그만두고 전문 칼럼니스트로 활동하게 되었다.

에이미는 남들이 쉽게 하지 못하는 일을 해냈다. 바로 용감하게 선택하고 포기한 것이다. 사람은 저마다 자신만의 독특한 재능을 가지고 있다. 자신의 숨겨진 재능을 찾아내고 발굴

해 마음껏 그 재능을 발휘할 수 있다면 큰 성공을 거둘 수 있을 것이다.

세월은 우리가 생각하는 것보다 빠르게 흘러간다. 그리고 사람들은 태어나는 그 순간부터 매우 분주하게 살아간다. 걷는 법을 배우고, 말을 배우고, 학교에 가서 공부를 하고, 돈을 벌어 가족들을 먹여 살리고…. 그렇게 살다 보면 인생의 명확한 방향도 없이 몇 십 년이 순식간에 지나가버린다.

그런데 똑같이 몇 십 년을 살더라도 누구는 역사에 이름을 남기고, 또 누구는 아무 흔적도 없이 사라지고 만다. 이런 차이는 어디에서 오는 걸까? 사는 동안 사람들의 존경을 받고 역사에 이름을 남기는 이들은 자신에게 주어진 시간을 가치 있는 일을 하는 데 사용한다. 그들은 애써 다른 사람의 비위를 맞추려고 하지 않고 오직 자신의 인생을 살아간다. 그래서 그들은 더욱 특별하다.

그러나 대부분의 사람들은 자신의 가치를 발휘하기보다는 다른 사람들의 뜻대로, 혹은 사회에서 원하는 모습으로 살아간다. 그래야 실패를 하더라도 그 책임을 다른 사람에게 전가할 수 있기 때문이다.

자신의 진짜 모습대로 살아가지 못하는 사람을 어떻게 용감하다고 할 수 있을까! 용감하지 않은 사람에게는 성공의 기회도 찾아오지 않는다.

생명은 우리에게 주어진 선물이고, 우리는 이 소중한 선물을 가치 있게 써야 한다. 사람은 누구나 특별한 존재다. 그러니 다른 사람의 그림자를 좇느라 자신의 발자국을 잃어버려서는 안 된다.

사람은 각자 타고나는 조건이 다르므로 무작정 다른 사람을 모방할 것이 아니라 자신의 가치를 발견해 자신만의 특별한 인생을 살아야 한다. 다른 사람의 발자국을 좇기만 하는 인생은 무료하고 생기가 없다. 하지만 자신이 흥미를 느끼는 것이 무엇인지 발견해 그 분야에 재능을 발휘하며 산다면 우리의 인생은 생기가 넘치고 다채롭게 빛날 것이다.

사랑이
떠났다고
행복도
끝난 것은 아니다

당신이 젊고 사랑을 아는 나이라면 사랑의 단맛과 쓴맛을 어느 정도 경험해봤을 것이다. 그리고 그보다 조금 더 나이가 많은 사람이라면 사랑이 주는 고통과 행복을 더욱 절실히 느껴봤을 것이다.

사랑하던 사람이 떠나면 마치 세상이 무너지기라도 한 것처럼 삶의 의욕을 완전히 잃어버리는 사람들이 있다. 이것이 바로 사랑이 가진 신비한 힘이다. 사랑은 조금 전까지만 해도 하늘을 둥둥 날아다니던 사람을 한순간에 지옥으로 떨어지게 할 수도 있다.

누구나 달콤한 사랑과 행복한 결혼생활을 꿈꿀 것이다. 그러나 사랑에 절대 실패하지 않는다고 장담할 수 있는 사람이 어디 있겠는가! 내가 사랑하는 사람이 나를 사랑하지 않을 수도 있고, 심지어 아무도 나를 사랑하지 않을 수도 있다.

사랑에 있어서 이 모든 것은 지극히 정상적인 일이다. 사랑은 원래 종잡을 수 없고, 내가 열심히 노력한다고 해서 반드시 성공할 수 있는 것도 아니다.

하지만 그렇다고 좌절하거나 슬퍼할 필요는 없다. 내 곁을 떠나는 사람이 있는가 하면, 더 좋은 인연이 기다리고 있을 수도 있으니 말이다.

"패니는 슈롭셔주에서 가장 예쁘고, 가장 풍만하고, 가장 매력적인 여자입니다."

열아홉 살의 소년은 한 편지에서 자신의 첫사랑을 이렇게 소개했다.

패니는 소년의 일생 중에서 가장 격정적인 감정을 불러일으킨 인물이다. 두 사람은 만나자마자 뜨거운 사랑에 빠져들었다. 나중에 소년은 대학교에 다니기 위해 고향을 떠났고, 두 사람은 편지로 애틋한 마음을 주고받으며 사랑을 이어갔다.

하지만 언제부터인가 패니의 편지가 뜸해지기 시작했고, 어느 날 소년에게 갑작스럽게 이별을 통보해왔다. 패니는 편지에서 소년의 사랑이 예전 같지 않다며 자신을 흠모하는 남자로부터 청혼을 받았다는 소식을 전했다. 그때 소년은 학업과 연구에 빠져 패니의 편지에 크게 신경 쓰지 못했다.

나중에 소년이 고향으로 돌아왔을 때 패니는 이미 다른 사람과 약혼한 상태였다. 소년은 크게 상심했지만 패니의 마음을 돌이킬 수 없다는 사실을 알고 더욱 더 연구에만 전념했다. 이 소년의 이름은 찰스 다윈이다.

다윈은 대학을 졸업한 뒤 해양 측량선인 비글호를 타고 세계 여행을 떠날 준비를 했다. 그때 패니의 마음속에 다윈에 대한 사랑이 다시금 불타오르기 시작했다. 그녀는 약혼을 깨고 다윈에게 편지를 보내 행복했던 지난날을 영원히 기억할 것이고, 앞으로도 그 사랑이 계속되기를 바란다고 말했다.

다윈은 기쁜 마음을 안고 세계 여행을 떠났다. 그러나 몇 달 후 다윈은 그의 누나에게서 편지 한 통을 받는데, 편지에는 패니가 이미 돈 많은 정치인과 결혼을 했다는 소식이 적혀 있었다. 다윈의 마음은 다시 한 번 갈기갈기 찢어졌다.

패니의 남편은 돈은 많았지만 이기적이고 괴팍한 사람이었다. 당연히 두 사람의 결혼생활은 행복할 리가 없었다. 패니는 다시 다윈을 그리워하며 그의 누나에게 그의 소식을 물었다. 그러나 다윈은 이미 다른 사람의 아내가 된 패니에게 아무런 감정도 남아 있지 않았다.

그렇게 몇 년이 지나고 다윈도 서서히 결혼을 생각하게 되었다. 그는 과학자답게 결혼의 좋은 점과 나쁜 점을 종이에 적었다. 좋은 점은 아이를 가질 수 있고, 인생을 함께할 동반자가 생기며, 집안일을 돌봐줄 사람이 생긴다는 것 등이었고, 나쁜 점은 자유롭게 여행을 다니지 못하고, 때마다 친척들을 방문해야 한다는 것 등이었다. 그는 결혼해서 좋은 점이 더 많다는 결론을 내리고 결혼을 하기로 결심했다.

다윈은 굉장히 이성적인 신붓감을 골랐다. 그는 사교활동을 좋아하지 않고 자신의 일에 일일이 간섭하지 않을 온화한 성격의 여자를 찾았다. 마침 그의 사촌 여동생인 엠마가 그 조건에 모두 맞았고, 두 사람은 결혼을 하게 된다.

낭만이라고는 전혀 찾아볼 수 없는 결혼이었지만 엠마와의 결혼은 다윈의 인생에 중대한 영향을 미쳤다. 다윈이 엠마와 결혼하지 않고 독신으로 살았다면, 또 신앙심 깊은 엠마가 옆에서 적절하게 충고를 하지 않았다면 그의 저서《종의 기원》은 이 세상 빛을 보지 못했을 것이다. 엠마는 다윈이 감정을 배제하고 사실과 논리에만 집중해 글을 쓸 수 있도록 도왔다.

다윈은 딸 에티가 결혼하던 날 이렇게 말했다.

"내가 행복한 인생을 살 수 있었던 건 모두 네 어머니 덕분이란다. 너는 네 어머니를 본받아 현명하고 어진 아내가 되어라. 그럼 내가 너희 어머니를 사랑하는 것처럼 네 남편도 너를 사랑할 게다."

그토록 사랑했던 패니와 이별했지만 다윈의 인생은 그 이후로도 충분히 행복했다.

소년들은 어른이 되어가는 과정에서 한 번쯤 패니 같은 아가씨를 만나게 된다. 이들은 예쁘고 요염하고 열정적이지만 동시에 변덕이 심하고 냉정하기도 하다. 어린 소년은 그녀를 위해 자신의 모든 것을 바친다. 그러다 그녀가 떠나면 다시는 사랑할 수 없을 것 같은 절망감에 빠진다. 물론 첫사랑만큼 격정적인 사랑은 다시 찾아오지 않을 수도 있다. 하지만 그렇다고 앞으로 다시 사랑을 할 수 없는 것은 아니다.

화창한 봄날 나들이를 갔는데, 살구꽃이 머리 가득 떨어지네.

거리에서 만난 소년, 뉘 집 도령이기에 저리 멋질까.

시집가서 함께 살면 한평생 편안하리니.

설사 무정하게 버림받는다 해도 절대 그를 원망하지 않겠
노라.[11]

만약 이 시의 화자처럼 용기를 낸다면 분명 다시 뜨겁게 사랑할 수 있을 것이다. 한 번 상처받았다고 해서 다시 한 번 진심을 보여주기를 두려워해서는 안 된다. 누구나 상처받는 것을 두려워한다. 하지만 시도하려는 용기조차 없는 사람에게 행복은 찾아오지 않는다.

우리는 스스로를 보호하려는 본능 때문에 지나치게 조심하는 경향이 있다. 그래서 상처받지 않으려고 아예 사랑을 하지 않기로 마음먹는 경우도 있다. 사랑하지 않으면 상처받을 일이 없는 것은 사실이다. 그러나 누군가를 단 한 번도 사랑해본 적 없는 것이야말로 인생의 가장 큰 비극이다. 사랑하지 않으면 상처받을 일도 없겠지만 진실한 사랑으로 인한 달콤한 행복도 느낄 수 없다.

춤추라, 아무도 보고 있지 않은 것처럼

사랑하라, 한 번도 상처받지 않은 것처럼

노래하라, 아무도 듣고 있지 않은 것처럼

일하라, 돈이 필요하지 않은 것처럼

살라, 오늘이 마지막 날인 것처럼[12]

과거에 얼마나 많은 상처를 받았든 용감하게 일어나 다시
사랑하라. 마지막에 결국 다시 상처 받는다 해도 한 번도 사랑
하지 않은 것보다 낫다. 사랑에 성공하는가, 실패하는가는 중
요하지 않다. 중요한 것은 사랑을 위해 용기 있게 나섰다는 것
이다. 그러니 후회는 없을 것이다.

—— 11 위장(韋莊), 사제향(思帝鄉)
—— 12 알프레드 D. 수자의 〈사랑하라 한 번도 사랑하지 않은 것처럼〉

다른 사람의
시선이라는
속박에서
벗어나자

단풍 든 숲속에 두 갈래 길이 있었습니다.
몸이 하나니 두 길을 다 가지 못하는 것을 안타까워하며
나는 한참을 서서 낮은 수풀로 꺾여 내려가는 한쪽 길을
멀리 끝까지 바라보았습니다.

그리고 다른 길을 택했습니다.
똑같이 아름답고,
아마 더 걸어야 될 길이라 생각했지요.
풀이 더 무성하고 발길을 부르는 듯했으니까요.
그 길을 걷다 보면 지나간 자취로
두 길이 거의 같아지겠지만요.

그날 아침 두 길은 똑같이 놓여 있었고
낙엽 위로는 아무런 발자국도 없었습니다.

아, 나는 한쪽 길은 훗날을 위해 남겨놓았습니다.
길이란 이어져 있어서 계속 가야만 한다는 걸 알기에
다시 돌아올 수 없을 거라 여기면서요.

오랜 세월이 지난 후 어디에선가
나는 한숨지으며 이야기할 것입니다.
숲속에 두 갈래 길이 있었고,
나는 사람들이 적게 간 길을 택했다고.
그리고 그것이 내 모든 것을 바꾸어놓았다고.

　여기에서 로버트 프로스트의 시 〈가지 않은 길〉을 언급한 이유는 최근 여러 어린 친구들이 약속이나 한 것처럼 내게 같은 질문을 던졌기 때문이다. 그건 바로 '어떤 삶을 선택할 것인가' 하는 질문이었다.

　사람들은 대부분 어디로 가는지도 모른 채 자신의 본능과 직관에 의지해 인생길을 걸어간다. 목적지가 어디인지 모르더라도 길이 하나라면 고민 없이 앞만 보고 걸어가면 그만이다. 그런데 어느 날 길이 두 갈래로 갈라진다면 어떻게 해야 할까?

　한쪽 길은 많은 사람들이 선택하는 길이다. 그 길에서의 규칙은 비교적 명확해서 자신이 노력해서 성공을 거두기만 하면 많은 사람들로부터 박수와 인정을 받을 수 있다. 그러나 다른 한쪽 길은 사람들이 많이 가지 않는 길이다. 그 끝이 어디인지 보이지도 않고 온갖 불확실성으로 가득하다. 그런데 자꾸만 내 마음은 불확실성으로 가득 찬 길로 나를 이끈다. 이럴 때 당신은 어떤 선택을 하겠는가?

이런 고민을 하고 있는 어린 친구들이 내게 질문을 해온 것인데, 이들은 남들이 많이 가지 않는 길로 가도 되는 것인지에 대해 궁금해 했다. 그런데 사실 이 질문의 답은 스스로 찾아야 한다.

만약 당신이 용기가 부족한 사람이라면 섣불리 새로운 길을 선택하기보다 대세를 따르는 것이 좋다. 내면의 소리를 따라가기 위해서는 외부 세계의 간섭을 받지 않아야 하고, 어떤 상황에서도 자아를 지킬 수 있는 강한 용기가 필요하기 때문이다.

대학교에 다닐 때 하루는 미국에서 중국으로 유학을 온 친구가 교외까지 걸어서 소풍을 가자고 제안했다. 나는 재미있겠다 싶어서 함께 가기로 했다. 학교에서 출발해 목적지까지 가는 길은 생각보다 수월했고, 함께 이야기를 나누면서 걷다 보니 힘들다는 생각도 별로 들지 않았다. 목적지에 도착해 한 바퀴 둘러보고 나니 어느새 오후가 되어 있었다. 우리는 학교로 돌아가기 위해 다시 걷기 시작했다.

그런데 출발하고 나서 얼마 후부터 나는 허리가 아파오기 시작해 도저히 걸을 수가 없었다. 미국인 친구의 사정도 크게 다르지 않았다. 그녀는 발에 물집이 잡혀서 절뚝거리면서 겨우 걷고 있었다. 이런 속도로는 도저히 해가 지기 전에 학교에 도착하지 못할 것 같았다.

미국인 친구는 히치하이킹을 하자고 제안했다. 나는 여자 둘이서 히치하이킹을 하면 수월하게 성공할 수 있을 거라고 생각했다. 심지어 한 명은 금발의 미녀가 아니던가! 우리는 학교 방향으로 가는 차들을 향해 힘껏 팔을 흔들었다.

하지만 얼마 후 나는 내 생각이 너무 순진했다는 사실을 깨달았다. 황량한 그 교외 지역은 차들이 원래 많이 다니지 않는데다 가끔씩 지나가는 차들은 우리를 무심하게 지나쳐 가버렸다. 어쩌다 호기심에 멈춰선 차들도 우리의 이야기를 듣고 나서는 고개를 흔들며 떠나가버렸다.

오후의 뜨거운 태양 아래에서 30분 넘게 차를 잡아보려고 했지만 결국 아무 성과도 없었다. 나는 그만 포기하고 친구에게 말했다.

"사람들 인심이 예전 같지 않네. 됐어! 우리 그냥 걸어서 가자. 여기서 마냥 기다리는 것보다 그게 빠르겠어."

그러자 친구가 나를 진지하게 바라보며 말했다.

"너 정말 계속 걷고 싶어?"

나는 울상이 되어 말했다.

"아니…."

"나도 네가 왜 걸어가자고 하는지 알 것 같아. 넌 지금 자존심이 상한 거야. 그렇지? 다른 사람들이 계속 네 제안을 거절하니까 창피하지? 다른 사람한테 아쉬운 소리 하는 것도 불편하지? 그런데 다른 사람들이 너를 어떻게 보든 신경 쓸 필요 없어. 우리가 나쁜 일을 하는 것도 아니잖아."

한순간 나는 얼굴이 확 달아올랐다. 그녀의 말이 모두 사실

이기 때문이었다. 사실 나는 자존심이 굉장히 센 사람이었고, 사람들이 의심스러운 시선으로 바라보고 거절하는 상황이 견디기 힘들었다. 친구의 말처럼 다른 사람들의 시선을 신경 쓸 필요는 없었지만 내공이 부족했던 나는 그 순간이 많이 힘들었다.

나는 아무 말도 할 수 없었다. 친구는 그런 내 모습을 보더니 아무 말 없이 일어나 외투를 벗고 갑자기 길가에서 춤을 추기 시작했다! 그녀의 춤은 우스꽝스러웠지만 굉장히 즐거워 보였다. 나는 잠시 그녀가 미친 게 아닐까 하는 생각이 들었다. 이런 황량한 곳에서 히치하이킹을 하는 것도 모자라 춤까지 추다니!

하지만 그녀는 내 시선에도 아랑곳하지 않고 신나게 춤을 췄다. 그런데 놀랍게도 그녀의 춤은 효과가 있었다. 그 광경이 신기했던지 지나가는 차들이 멈춰 섰던 것이다. 하지만 대부분 창문을 열고 한번 힐끗 쳐다보고는 다시 제 갈 길을 갔다. 사람들은 우리를 조금 전보다 더 이상하다는 시선으로 바라봤다.

하지만 나도 그새 익숙해졌는지 사람들의 시선이 더 이상 신경 쓰이지 않았다. 나는 자리에서 일어나 그녀를 따라 춤을 추기 시작했다. 정말 우스꽝스러운 막춤이었지만 그렇게 마음 놓고 춤을 춰본 것은 처음이었다. 나는 다른 사람들을 신경 쓰지 않는다는 것이 얼마나 자유롭고 즐거운 일인지 그제야 깨달았다.

결국 우리는 차 한 대를 얻어 탈 수 있었다. 우리를 흥미롭게 생각한 운전자는 우리 사정을 듣고는 선뜻 자리를 내줬고, 함께 이야기를 나누며 학교로 돌아올 수 있었다.

이 일은 내 인생에서 정말 인상 깊은 기억으로 남아 있다. 특히 길가에서 춤을 출 때 느꼈던 감정은 지금까지도 잊을 수가 없다. 그날 이후 나는 무슨 일을 하든 복잡하게 생각하지 않으려고 노력했다. 이것저것 생각하다 보면 결국 두려워서 아무것도 제대로 할 수 없기 때문이다.

나만의 길을 가기 위해서는 이처럼 다른 사람들의 시선에 아랑곳하지 않을 수 있는 강한 내면이 필요하다.

나는 그날 이후 그 미국인 친구에게 어떻게 해서 그렇게 자유로운 사고를 갖게 되었는지 물은 적이 있다. 그녀는 어려서부터 그런 교육을 받아왔다고 했다. 그러면서 어차피 100년 후면 모두 흙으로 돌아갈 텐데, 사는 동안 자신이 어떻게 생각하는지가 가장 중요한 것 아니겠냐고, 다른 사람들이 어떻게 생각하는지는 중요하지 않다고 말했다. 그녀는 사람이 자신의 내면이 이끄는 대로 살아야 자신이 가진 재능을 충분히 발휘하고, 좋은 성과를 낼 수 있다고 덧붙였다.

나는 프랑스 음악가인 드뷔시를 굉장히 좋아하는데, 그는 음악적으로 자신만의 길을 걸은 사람이었다. 덕분에 그는 음악사에 길이 남을 위대한 업적을 많이 남길 수 있었다. 이런 사람이야말로 인생의 진정한 승자라 할 수 있다.

다시 말해 자신을 속박하는 마음속의 악마를 이겨내야만 진정한 용기를 발휘할 수 있다. 그래서 다른 사람들의 시선이라는 속박에서 벗어나 자신이 가진 능력을 충분히 발휘하면서 자신만의 인생을 사는 사람들을 나는 진심으로 존경하고 응원한다.

평범하고 구차한
일상을 지키는 것이
진정한 용기

요즘 일부 젊은 사람들 사이에서 유행하는 말이 있다.

"인생에는 구차한 하루살이만 있는 것이 아니라 시와 먼 곳도 있다."

여기서 '구차한 하루살이'는 구차한 일성을, '시와 먼 곳'은 인생에서의 아름다운 것들을 의미한다.

그런데 나는 아직 젊고 어린 사람들이 이런 말을 할 때마다 탄식이 절로 나온다. 그 어린 나이에 도대체 '구차한 하루살이'가 무엇인지는 알고 그런 말을 하는 걸까? 만약 그들이 지금 '시와 먼 곳'만 바라보고 눈앞의 하루살이를 제대로 살피지 않는다면 나이가 들어 구차한 하루살이가 무엇인지 뼈저리게 느끼게 될 것이다.

나는 친구들 모임에서 이 이야기를 꺼낸 적이 있는데, 그때 한 친구가 조심스럽게 자신의 이야기를 들려주었다.

영국문학을 전공한 친구는 젊은 나이에 어느 대학의 부교수가 되었다. 그는 영국문학을 공부하면서 위대한 문학가들의 삶의 궤적을 직접 둘러보는 것이 꿈이었다. 하지만 집안 형편이 좋지 않았던 친구는 오랫동안 그 꿈을 이루지 못했다.

박사 학위를 받고 학교에서 학생들을 가르치기 시작했을 무렵 드디어 그에게 좋은 기회가 찾아왔다. 학교에서 교수들을 대상으로 유럽 여행을 기획했는데, 학교에서 2만 위안을 부담하고 참가자들이 각각 1만 위안씩을 부담하면 되는 여행 프로그램이었다. 그리고 여행을 가지 않는 사람에게는 별도로 5천 위안을 지급한다고 했다.

흔치 않은 기회인 데다 조건이 정말 좋았기 때문에 대부분의 교수들이 여행을 가겠다고 신청했다. 그중에는 정말로 여행이 가고 싶어서 신청한 사람도 있었고, 혼자 빠지면 괜히 구설수에 오르게 될까봐 신청한 사람도 있었다.

한편, 친구는 그때 아기가 태어난 지 얼마 되지 않은 시점이었고, 아직 학교에서 제공한 독신자 숙소에 살고 있었기 때문에 아기 분유 값 대랴, 집 살 돈 모으랴 돈이 한 푼이라도 아쉬운 상황이었다. 그래서 그는 한 치의 망설임도 없이 여행을 포기하고 5천 위안을 받았다.

학교에서 유일하게 그 친구만 여행 신청을 하지 않았기 때문에 그는 이내 구설수에 올랐다.

"그렇게 안 봤는데 젊은 사람이 돈 욕심이 많네."

"그러니까 말이에요. 기껏해야 5천 위안인데, 그게 그렇게 탐이 났을까요?"

그는 여행을 가지 않으면 사람들이 자신에 대해 이러쿵저러쿵 떠들고 다닐 거라는 사실을 이미 알고 있었다. 그리고 자기와 비슷한 처지에 있는 젊은 교수들이 왜 무리를 하면서까지 여행을 가려고 하는지도 충분히 이해했다. 물론 유럽 여행은 그 친구의 오랜 꿈이었지만 그는 한 치의 망설임도 없이 여행을 가지 않겠다고 결정했고, 그 결정을 한 번도 후회해본 적이 없다고 했다. 그 후로도 학교에서는 이런 기회가 몇 차례 더 있었지만 그는 한 번도 참여한 적이 없었다.

친구는 말했다.

"낭만이라고는 눈곱만큼도 없는 얘기지? 하지만 나는 내가 아빠로서 우리 딸에게 해줄 수 있는 가장 낭만적인 일을 했다고 생각해. 우리 딸이 더 좋은 분유를 먹을 수 있다면 그깟 여행쯤은 얼마든지 포기할 수 있어."

그의 말대로 낭만과는 거리가 먼 이야기였지만 나는 그의 용기 있는 선택에 감탄했다. 사실 그가 체면을 생각했더라면 조금 무리를 해서라도 충분히 여행을 갈 수 있는 상황이었다. 하지만 그는 겉모습만 번지르르한 '시와 먼 곳'보다는 눈앞의 하루살이를 선택했다.

그 친구처럼 성실하고 책임감 강한 사람이라면 언제나 마음속에 아름다운 '시와 먼 곳'을 간직하고 있을 것이다. 그러나 자신의 일상에 최선을 다하고, 사랑하는 가족에게 더 좋은 것을 주기 위해 기꺼이 자신을 희생하는 사람이야말로 진정한 영웅이다.

그런데 요즘은 젊은 사람들에게 남들과 다르게 살기를 강조하고, '시와 먼 곳'을 추구하기를 주저하지 말라고 부추기는 세상이다. 그러면서 눈앞의 하루살이에 집중하는 사람은 꿈도 열정도 없는 것처럼 말한다. 여기서 말하는 '남들과 다르게 산다는 것'은 소신껏 자기 인생을 사는 것과는 다르다. 남과 다르게 사는 것을 너무 강조하다 보면 오히려 남들에게 외적으로 어떻게 보일까에 집착하게 된다.

하지만 정말 중요한 것은 자신의 인생을 내실 있게 가꾸는 것이다. 남과 다르게 사는 것보다 평범한 일상을 최선을 다해 사는 것이 훨씬 값진 일이라는 것을 기억해야 한다.

집 근처에 내가 자주 가는 세차장이 있는데, 며칠 전 세차장에 들렀더니 새로운 직원이 한 명 들어와 있었다. 마지못해 일하는 다른 직원들과 달리 그는 계속 환하게 웃고 있었다. 그의 표정만 보면 마치 세상에서 가장 보람된 일을 하는 것처럼 보였다.

나는 호기심에 그에게 다가가 물었다.

"새로 오신 분인가 봐요? 일하는 건 어때요?"

그가 웃으며 대답했다.

"호스로 물을 뿌리는 일은 정말 재미있어요. 재미있게 일하면서 돈도 벌 수 있으니 얼마나 좋은지 몰라요! 게다가 제가 깨끗이 닦은 차를 몰고 가는 손님들을 보면 뿌듯하기도 하고요. 여기는 월급도 많은 편이어서 고향에 있는 가족들에게 매달 돈을 넉넉하게 보낼 수 있게 됐어요. 가족들도 정말 기뻐할 거예요."

그의 말을 들으니 그동안 일을 하면서 온갖 불평을 했던 나 자신이 부끄러워졌다. 그 직원을 보고 있자니 한 가지 우화가 떠올랐다.

어느 날 용왕과 청개구리가 해변에서 만났다.

청개구리가 용왕에게 물었다.

"용왕님이 사시는 곳은 어떤 곳인가요?"

용왕이 대답했다.

"내가 사는 궁전은 반짝이는 진주와 조개껍데기로 만들어졌단다. 궁전의 처마는 화려하면서도 기품이 있고, 높은 기둥은 견고하면서도 아름답단다."

이번에는 용왕이 청개구리에게 물었다.

"그럼 네가 사는 곳은 어떤 곳이냐?"

청개구리가 대답했다.

"제가 사는 곳은 신선하고 부드러운 초록 풀이 양탄자처럼 깔려 있고, 옆으로는 시원하고 맑은 개울이 흐르며, 흰 돌들이 햇빛에 반짝반짝 빛나는 곳입니다."

대답을 마친 청개구리가 다시 용왕에게 물었다.

"용왕님은 기분이 좋거나 화가 날 때 어떻게 하십니까?"

용왕이 대답했다.

"나는 기분이 좋으면 단비를 내리게 해 땅을 촉촉하게 적시고 곡식들이 잘 자랄 수 있게 해준단다. 하지만 화가 나면 큰 바람을 일으키고 천둥, 번개를 퍼붓는단다. 그럼 너는 어떻게 하느냐?"

청개구리가 대답했다.

"저는 기분이 좋으면 밝은 달 아래서 '개굴개굴' 소리를 내며 노래하고, 화가 나면 있는 힘껏 배를 부풀려 씩씩거리곤 하죠."

사실 용왕에 비하면 청개구리는 아주 미미한 존재지만 청개구리는 부끄러워하거나 움츠러들지 않고 용왕의 질문에 당당하게 대답했다.

공자의 제자였던 자로는 허름한 외투를 걸치고도 비싸고 화려한 옷을 입은 고관대작들 앞에서 전혀 주눅 들거나 부끄러워하지 않았다. 진정한 용기란 바로 이런 것이 아닐까?

사람은 누구나 멋지고 아름다운 꿈을 꾼다. 하지만 세상이라는 무대에는 주인공들이 너무 많기에 대부분의 사람들은 조연이나 엑스트라로 전락해버린다. 그리고 그들은 평범한 일을 하며 평범하게 살아간다.

하지만 평범하게 사는 것은 절대 슬프거나 부끄러운 일이 아니다. 당신이 하는 일이 하찮고 보잘 것 없어 보일 수도 있지만, 모든 일은 다 의미가 있고, 가족들에게 당신은 그 무엇보다 중요한 존재다. 무슨 일을 하든 하루하루 열심히 산다면, 그 또한 하나의 성공이라고 할 수 있다.

실제로 눈앞의 구차한 일상은 아름답지 않고, 힘들고 지루하게 느껴질 수도 있다. 하지만 그것은 많은 사람들에게 아주 일반적이고 정상적인 일이다. 당신이 금수저를 물고 태어난 게 아니라면 말이다.

얼마 전에 알게 된 한 젊은 친구는 매일 반복되는 일상에 지루함을 느끼고 있었다. 그녀의 일상은 매일 회사에 나가 일하고 집으로 돌아와 잠을 자는 것이 전부였다. 게다가 주변 친구들이 하는 얘기도 매번 똑같았다. 쇼핑 얘기 아니면 남자친구 얘기, 그도 아니면 가족들 중에 누가 아파서 속상하다는 등의 얘기 말이다.

그녀는 내게 이렇게 말했다.

"이런 생활이 정말 너무 지겨워요. 저는 신나는 모험을 떠나고 싶어요."

또 다른 어린 친구는 이렇게 말했다.

"서른다섯 살까지 제대로 이뤄놓은 것이 없으면 이번 생은 망한 거예요."

내가 물었다.

"네가 생각하는 '제대로 이뤄놓은 것'이란 뭘 말하는 건데?"

그녀는 잠시 고민하더니 이렇게 말했다.

"경제적으로나 시간적으로 자유를 얻는 거예요."

나는 말없이 웃기만 했다.

'그래, 젊었을 때는 누구나 그렇게 생각하지.'

젊었을 때는 누구나 새롭고 자극적인 삶을 추구하고 사랑도, 일상도 모두 특별하기를 바란다. 그렇지 않은 삶은 아무 의미도 없는 것처럼 말이다. 하지만 평범한 것이야말로 인생의 진짜 모습이다.

나는 매일 일을 마치고 집에 가면 집안일을 하느라 바쁘다. 어질러진 집도 치워야 하고, 빨래도 해야 하고, 배가 고프면

밥도 차려 먹어야 하고, 밥을 먹으면 설거지도 해야 한다. 그래서 집에 있으면 바쁘고 분주하다. 해도 해도 끝이 없는 집안일을 보면서 가끔은 이런 자질구레한 일들에 내 청춘과 열정을 낭비하고 있는 것은 아닌가 하는 생각이 들 때도 있다.

하지만 생각을 바꾸면 이 또한 행복이 아니던가! 비록 집안일이 잔뜩 쌓여 있기는 하지만 언제든 몸과 마음이 편히 쉴 수 있는 안식처가 있으니 말이다.

산다는 것은 원래 사소하고 자질구레한 일들의 연속이다. 하지만 그렇기 때문에 우리는 하루하루 충실히 살아갈 수 있다. 이것이 바로 삶의 진면목이다.

평범하게 산다고 해서 당신의 인생이 무의미해지는 것은 아니다. 인생의 의미와 가치는 스스로 판단하는 것이다. 어떤 순간에도 자기 자신을 하찮게 여기지 말고, 눈앞의 일상이 보잘 것 없고 구차할지라도 마음에는 언제나 아름다운 '시와 먼 곳'을 간직하기를 바란다.

세상살이가
힘들수록
독립적인 사람이
되라

태어난 순간부터 성인이 되어 경제적으로 독립하기까지 부모는 자녀에게 밥을 먹이는 일부터, 옷을 갈아입히고 공부를 시키는 등 온갖 일을 지원해준다. 성인이 되어서도 여전히 부모에게 의지하는 경우도 있다. 이처럼 스스로 할 수 없는 일이나 하고 싶지 않은 일이 있을 때 다른 사람에게 의존하는 것은 인지상정이자 사람이 성장하면서 반드시 거치게 되는 과정이다.

그러다가 어린 새가 자라면 둥지를 떠나 홀로서기를 하듯 사람도 성인이 되면 부모로부터 독립해 스스로 살아가는 법을 배우게 된다.

물론 정신적으로든 물질적으로든 부모의 도움이 없으면 다른 사람들과의 경쟁에서 뒤처지게 되기도 한다. 하지만 그렇다고 부모가 평생 뒷바라지를 해줄 수는 없는 노릇이다. 게다가 부모가 인생의 모든 풍파를 막아줄 수 있는 것도 아니다. 그렇게 믿고 의지했던 부모가 어느 날 갑자기 당신 곁을 떠나기라도 하면 그때부터는 어떻게 살아갈 것인가?

많은 사람들이 자기 힘으로 자리를 잡기 전까지 부모의 도움을 받으려고 한다. 그러다가 조금 더 성숙해지면 서서히 스스로 독립할 수 있을 거라고 생각한다. 생각은 그럴 듯하지만 도대체 이렇게 해서 언제 독립을 한단 말인가! 사람이 성숙해지는 것은 나이와 아무 상관이 없다. 그저 세상에 얼마나 잘 적응하느냐에 달려 있다.

사람들 중에는 자신의 인생을 부모나 배우자 혹은 친구에게 완전히 의존하려고 하는 사람들도 있다. 이렇게 모든 문제와 책임을 다른 사람에게 미루는 것은 굉장히 이기적이고 비겁한 행동이다. 더욱이 다른 사람에게 의존한다고 해서 보장되는 것은 아무것도 없다.

거칠고 험한 세상을 잘 살아가기 위해서는 누군가에게 의존하려는 마음을 아예 버리는 것이 좋다. 이 세상에 온전히 믿고 의지할 수 있는 것은 자기 자신밖에 없기 때문이다.

독립적이고 자주적인 사람만이 세상에 우뚝 서서 더 많은 것을 배우고 능력을 키울 수 있다. 자신의 운명은 자신의 손안에 있고, 스스로 자기 인생을 꾸려나가야만 앞으로 자신이 무슨 일을 어떻게 해야 하는지 명확하게 판단할 수 있다. 자신의 운명을 다른 사람에게 맡기는 사람은 영원히 약자로 살아갈 수밖에 없다.

존 F. 케네디 대통령의 아버지는 아들이 어렸을 때부터 독립성을 키워주려고 애썼다. 하루는 부자가 마차를 몰고 산책을 나갔는데, 마차가 빠른 속도로 달리다가 모퉁이를 돌 때 케네디가 마차에서 떨어지고 말았다. 케네디는 당연히 아버지가 마차에서 내려 자신을 일으켜 세워줄 거라고 생각했지만 아버지는 마차에 그대로 앉아 넘어진 아들을 지켜보기만 할 뿐이었다.

어린 케네디가 울먹이면서 말했다.

"아버지 저 좀 일으켜주세요."

"다리를 다쳤니?"

"네. 다리가 너무 아파서 혼자 못 일어나겠어요."

"그래도 혼자서 일어나보렴."

케네디는 할 수 없이 혼자서 일어나 절뚝거리며 마차에 올라탔다. 그리고 원망스러운 표정으로 아버지를 바라봤다.

그런 아들을 보면서 아버지가 말했다.

"내가 왜 너를 일으켜주지 않았는지 알겠니?"

케네디는 고개를 저었다.

"인생은 원래 넘어지면 다시 일어나 달리고, 또 넘어지면 다시 일어나 달리는 과정의 반복이란다. 그런데 넘어졌을 때는 반드시 네 힘으로 다시 일어나야 한단다. 진짜 인생에서는 아무도 너를 일으켜주지 않기 때문이란다."

누군가는 어린아이에게 너무 가혹한 것 아니냐고 할 수도 있을 것이다. 그러나 아버지는 어린 아들에게 인생은 자신의 힘으로 살아가야 하며, 독립적으로 사고할 수 있어야 한다는 것을 가르쳐주려 했던 것이었다.

세상은 빠르게 변하고 있고, 지금은 누구도 한 치 앞을 예상할 수 없는 시대다. 이처럼 자기 앞가림하기에도 바쁜 세상에서 어느 누가 다른 사람의 인생까지 책임질 수 있겠는가! 그러니 오직 자신의 독립적인 사고에 의존해 인생의 고난을 헤쳐 나가야 한다.

독립적으로 살아야 한다는 말이 모든 일을 혼자서 해결해야 한다는 의미는 아니다. 때때로 부모나 친구의 관심도 필요하고, 주변 사람들과 서로 협력하고 돕기도 해야 한다. 하지만 다른 사람의 도움에 지나치게 기대다 보면 점점 게을러지고 의존하고 싶은 마음이 생기게 된다.

특히 여자들은 이 점을 더 주의하고 경계해야 한다. 여자들의 경우 인생의 어떤 시기에는 자신이 무엇을 하든 남자들이 나서서 대신 해결해줄 때가 있다. 심지어 생각하지도 못한 호의와 도움을 밤낮으로 받기도 한다. 하지만 이런 시기는 인생에서 아주 잠깐이다. 그러니 우아하고 고상한 여성으로 살고 싶다면 반드시 경제적, 정신적으로 독립을 해야 한다.

그런데 안타깝게도 능력 있고 독립적인 여성들이 남자친구를 사귀거나 결혼을 하고 나서 자아를 잃어버리거나 점차 의존적으로 변해가는 모습을 종종 볼 수 있다. 그러나 아무리 보수적이고 가부장적인 남자도 자기만의 색깔을 잃어버린 여자를 좋아하지 않는다. 결국 이런 관계는 비극으로 끝나기 쉽다.

카미유 클로델은 아름다운 외모에 천부적인 재능을 가진 젊은 여성 조각가였다. 그녀는 자신보다 더 유명한 조각가인 로댕과 사랑에 빠졌고, 두 사람은 얼마 후 동거를 시작했다. 이 시기에 로댕은 예술적으로 큰 발전을 이루고 훌륭한 작품들을 창작해냈다. 그는 일과 사랑을 동시에 잡은 행복한 남자였다. 하지만 카미유의 사정은 달랐다. 그녀는 로댕의 조수로 일하느라 정작 자신의 이름은 세상에 알리지 못했다. 게다가 로댕에게는 오랫동안 함께 살아온 또 다른 연인이 있었기에 그의 사랑을 독차지할 수도 없었다.

카미유는 로댕과 헤어지고 나서 자아를 완전히 잃어버렸고, 괴로워하던 그녀는 결국 정신분열증으로 남은 생을 정신병원에서 지내다가 쓸쓸히 생을 마감했다.

사랑에 있어서 비극적인 결말을 맺은 여성들의 이야기는 주변에서도 어렵지 않게 찾아볼 수 있다. 남자에게 지나치게 의존하는 여자들은 결국 그들의 부속품으로 전락해버리기도 한다.

인생에는 달콤한 순간도 있지만 때로는 가혹하리만치 괴로운 순간도 있다. 이럴 때 독립적인 사고를 하지 못하고 다른 사람에게 지나치게 의존하는 사람은 위험한 상황에 빠지기 쉽다. 그러니 세상 살기가 힘들수록 다른 사람에게 의존하려는 마음을 버려야 한다. 그래야만 자기 인생의 모든 순간을 자기 힘으로 헤쳐나갈 수 있고, 용감하고 강인한 사람으로 성장할 수 있다.

인생의
모든 순간
자기 자신에게
의존해야 한다

살면서 위기가 닥치면 '구세주가 나타나 모든 문제를 해결해 주면 얼마나 좋을까?' 하고 생각하게 된다. 이렇게 생각을 하는 것은 충분히 이해가 된다. 그런데 어떤 사람들은 구세주가 반드시 나타날 거라는 환상에 빠져 아무것도 하지 않은 채 문제를 끌어안고 있다.

하지만 모두가 알다시피 인생에 시련과 위기가 닥쳤을 때 그것을 해결할 수 있는 사람은 오로지 자기 자신뿐이다. 당신이 바로 당신의 구세주인 것이다.

사람의 운명은 각자 자신의 손에 달려 있다. 따라서 행복과 즐거움 속에서 살아갈지, 원망과 고통 속에서 살아갈지도 스스로 결정할 일이다.

몇 해 전, 내 인생에 온갖 시련이 한꺼번에 닥쳤던 해가 있었다. 일, 연애, 인간관계 모두 최악의 상황이었고, 심지어 도둑을 맞기도 했다. 나쁜 일은 한꺼번에 일어난다고 하더니 정말 그해에는 온갖 문제가 끊이지 않고 터졌다.

그때 내가 깨달은 것이 있다면, 내가 아무리 힘든 일을 겪어도 결국 아무도 나를 도와줄 수 없다는 것이었다. 설령 나를 사랑하는 부모님일지라도 말이다. 당장이라도 폭발해버릴 것 같은 때에는 부모님의 위로도 전혀 도움이 되지 않았다.

어쨌든 힘든 시기를 겪으면서 나는 조금 더 성장할 수 있었다. 시련이 모두 지나가고 나서 그 시간을 돌아보다가 나는 그때 누군가를 원망했던 일들이 정말 부질없는 짓이었다는 것을 깨달았다. 우리 모두는 각자 독립적인 개체이고, 자신의 감정은 자신만 아는 것이기 때문이다. 아무리 큰 돌덩어리가 내 발에 떨어져도 다른 사람들은 그 고통을 느낄 수 없다. 결국 그 고통을 알고 해결할 수 있는 사람은 나 자신밖에 없다.

유료 업계의 거물 코카콜라는 펩시의 등장으로 한 차례 위기를 맞았다. 코카콜라는 펩시와의 경쟁 국면을 전환하기 위해 마케팅 책임자 서지오 지먼에게 중대한 임무를 맡겼다.

지먼은 코카콜라의 맛에 변화를 줘 소비자들의 관심을 불러 모으려는 시도를 했다. 그는 새로 개발한 콜라에 '뉴코크'라는 이름을 붙여 대대적으로 홍보했다.

하지만 그의 예상과 달리 소비자들은 뉴코크에 강한 거부감을 드러냈다. 사람들은 원래 콜라의 맛이 더 낫다며 이상한 향이 첨가된 뉴코크를 거부했다. 결국 지먼의 계획은 실패로 돌아갔고, 이로 인해 회사는 막대한 경제적 손실을 입었을 뿐만 아니라 시장점유율도 급격하게 하락했다.

지면의 계획이 실패하자 사람들은 모두 그를 비난하기 시작했다.

"쯧쯧, 그런 멍청한 실수를 저지르다니."

"회사를 이 지경으로 만들다니… 한심하군."

몇 달 전 그의 새로운 계획에 찬사를 보냈던 사람들마저 지면을 비난했다. 지면은 결국 모든 책임을 지고 회사를 떠나야 했다. 그가 이렇게 힘든 시기를 보내는 동안 그의 편이 되어준 사람은 아무도 없었다.

그는 당시의 일을 회상하며 이렇게 말했다.

"그때는 정말 외로웠어요."

뉴코크 사건으로 인해 지면은 일자리를 잃었을 뿐 아니라, 업계에서 명성도 바닥으로 완전히 떨어졌다. 그는 바닥에서 부터 다시 시작할 수밖에 없었다.

그 후 지면은 컨설팅 회사를 차려 기업의 발전 전략에 대한 컨설팅을 제공했다. 그는 '고정관념에서 벗어나 모험을 즐기자'라는 신조에 따라 기업의 발전을 위한 여러 신선한 아이디어를 내놓았다.

지면의 회사는 빠르게 성장했고, 그는 잃어버렸던 명성을 되찾을 수 있었다. 심지어 코카콜라에서도 그를 찾아와 자문을 구했고, 다시 일자리를 제안하기도 했다. 그렇게 지면은 잃어버렸던 것들을 하나씩 되찾을 수 있었다.

지면은 실패를 딛고 다시 일어서는 과정에서 누구의 도움을 받았을까? 그는 아무의 도움도 받지 못했고, 오직 자신의 힘에 의존해 다시 일어섰다. 매정한 것 같지만 세상은 원래 그런 곳이다.

이 세상에서 나를 일으켜 세울 수 있는 사람은 오직 나 자신밖에 없다. 그러므로 자기 자신을 충분히 이해하기 위해 노력해야 한다. 자신을 제대로 이해하지 못하면 자기 자신에게조차 쓸모없는 사람이 될 수 있다.

세상은 혼자서 살아가는 곳이다. 때때로 다른 사람들의 도움을 받을 때도 있지만, 결국은 자기 자신만을 믿고 의지해야 한다.

누군가에게 도움을 받게 되면 감사한 일이지만, 그 누구의 도움도 받지 못했다고 해서 원망할 일은 아니다. 세상에 나를 반드시 도와줘야 할 의무가 있는 사람은 없다. 그러므로 아무도 나를 도와주지 않는다고 해서 실망하거나 좌절할 필요 없다. 친구들이 지천으로 깔렸을지라도 결국 믿을 것은 자신밖에 없다는 사실을 끊임없이 되뇌자.

인생에 어둡고 힘든 시기가 닥쳤을 때 반드시 해야 할 일은 자기 자신에게 '너는 할 수 있어'라고 힘을 실어주는 것이다. 자신의 운명은 자신의 손안에 있는 것이다. 다른 사람이 나를 위해 차를 운전해줄 수는 있지만 나를 대신해 살아줄 수는 없다. 또 다른 사람이 내 일을 대신 해줄 수는 있지만 내 감정을 대신 느껴줄 수는 없다.

"하늘은 스스로 돕는 자를 돕는다"는 말처럼 우리는 인생의 모든 순간을 자기 자신에게 의존해야 한다. 성공을 얻는 방법도 마찬가지다.

빛을
간직하고 있으면
결코 어둠이
찾아오지 않는다

1997년 개봉해 박스 오피스 역사상 최고의 기록을 남겼던 〈타이타닉〉의 감독 제임스 카메론은 〈타이타닉〉 이후 한동안 모습을 드러내지 않다가 몇 년 후 〈아바타〉라는 영화로 다시 대중 앞에 나타났다.

〈아바타〉 제작 당시 카메론은 촬영 장비부터 촬영 장소 섭외까지 모든 준비가 끝날 때까지 남자 주인공을 결정하지 못하고 있었다. 카메론은 남자 주인공이 영화의 성패를 좌우할 거라고 생각하고, 전 세계로 범위를 넓혀 배우를 물색하기로 결심했다.

2005년 1월, SF 블록버스터 〈아바타〉의 공개 오디션이 시작되자 뉴욕 타임스퀘어에는 내로라하는 쟁쟁한 배우들이 몰려들었다. 오디션을 보면서 제임스 카메론은 모든 남자 주인공 후보에게 똑같은 질문을 던졌다.

"당신은 인생의 시련에 어떻게 대처합니까?"

배우들은 대부분 비슷비슷한 대답을 내놓았는데, 그중 한 배우가 이렇게 말했다.

"젖은 나무에는 불이 붙지 않습니다."

그는 오스트레일리아에서 온 무명 배우 샘 워싱턴이었다.

샘 워싱턴의 말이 끝나기 무섭게 카메론은 책상을 탁 치며 "자네로 결정하겠네!"라고 말했다. 주변에 있던 사람들은 이 상황이 도무지 이해가 되지 않았다. 카메론은 오디션 현장에서 즉시 샘 워싱턴과 계약을 맺었고, 자기 차례를 기다리던 나머지 배우들은 이유도 모른 채 집으로 돌아가야 했다.

사람들은 잘 알려지지도 않은 무명 배우가 남자 주인공으로 발탁된 데 대해 의견이 분분했다. 카메론의 동료들 역시 이 상황을 의아하게 생각하기는 마찬가지였고 투자자들은 공개적으로 그에게 항의했다.

"올랜도 블룸, 키아누 리브스, 브래드 피트 같은 대스타가 줄을 섰는데, 대체 무슨 생각이십니까?"

하지만 카메론의 고집을 꺾을 수 있는 사람은 아무도 없었다. 얼마 후 많은 사람들의 우려 속에서 영화 촬영이 시작되었다. 그리고 2009년 말 영화 〈아바타〉가 드디어 세상에 공개되었다. 영화는 개봉하자마자 큰 인기를 끌었고 3주 만에 박스오피스 역사상 두 번째로 높은 기록을 달성했다. 그제야 사람들은 카메론의 뛰어난 안목에 감탄했다.

한 기자가 카메론에게 물었다.

"그 당시 어떻게 잘 알려지지도 않은 배우를 주인공으로 선택하신 거죠? 정말 그의 대답 때문이었나요? 많은 사람들이 샘 워싱턴이 했던 말의 의미를 궁금해 합니다. 설명을 부탁드려도 될까요?"

"맞습니다. 저는 샘 워싱턴의 대답을 듣자마자 그가 정말 긍정적인 마음을 가진 사람이라는 걸 알 수 있었어요. 이 사람이야말로 이 제임스 카메론이 만들 영화의 주인공이 되기에 충분하다는 생각이 들었습니다. 그리고 그 대답의 의미는 저보다 샘 워싱턴이 더 명확하게 알고 있을 겁니다."

카메론에게 설명을 듣지 못한 기자들은 서둘러 샘 워싱턴에게 몰려갔다. 샘 워싱턴은 기자들의 물음에 웃으면서 자신의 이야기를 들려줬다.

"저는 고등학교를 졸업하고 고향을 떠나 여기저기 떠돌아다니면서 안 해본 일이 없습니다. 그러다가 저는 미장이가 되었고 차가운 지하 단칸방에서 혼자 살았죠. 그해 겨울 어느 날 저는 방에서 몸을 잔뜩 웅크리고 덜덜 떨고 있었어요. 방안이 너무 춥고 습해서 신문지에 불을 붙이려고 성냥을 꺼냈는데 어찌된 일인지 성냥에 불이 전혀 붙지 않았어요. 그때 갑자기 추위와 배고픔이 한꺼번에 몰려오면서 누군가 저에게 이렇게 말하는 소리가 들렸어요. '샘, 네 인생은 지금 부정적인 감정에 완전히 젖어 있어. 빨리 말리지 않으면 너는 영원히 타오르지 못할 거야.' 그날 이후 저는 일을 하면서 어렸을 때부터 꿈꿨던 배우가 되기 위해 연기 연습을 했습니다. 그 후로도 제 인생에는 수많은 시련이 닥쳤지만 저는 그때마다 긍정적인 마음을 유지하려고 애썼어요. 왜냐하면 저는 젖은 나무에는 불이 붙지 않는다는 사실을 알고 있었으니까요."

당신의 신념이 꿋꿋하게 서 있으면 절대 넘어지지 않을 것이고, 마음속에 빛을 간직하고 있으면 결코 어둠이 찾아오지 않을 것이다. 하지만 마음속에 비구름과 눈물이 가득하다면 당신은 젖은 나무처럼 영원히 타오르지 못할 것이다. 기회는 언제나 준비된 사람에게 찾아오는 법이다.

실패한 사람들은 언제나 실패의 원인을 '운명의 장난'으로 돌린다. 그러나 진짜 원인은 이처럼 자신의 감정을 조절하지 못하는 데 있다. 감정 기복이 심하고 부정적인 방식으로 사고하는 사람들은 종종 자신의 가치를 심하게 부정한다. 사실 그들도 노력하면 언젠가 세상의 밝은 빛을 볼 수 있다. 하지만 안타깝게도 그들은 그 전에 자기 자신을 포기해버린다.

마른 장작도 비바람을 계속 맞으면 불이 붙지 않는 쓸모없는 나무토막이 된다. 그리고 쓸모를 잃은 장작은 결국 비극적인 결말을 맞이하게 된다.

누구도 이런 비극을 경험하고 싶지는 않을 것이다. 그러니 인생에 시련과 좌절이 닥쳤을 때 괴로워하고 있을 것이 아니라 긍정적인 마음과 자신감으로 문제를 해결해나가야 한다. 그리고 이런 사람만이 기회가 찾아왔을 때 그 기회를 붙잡아 아름다운 꽃을 피울 수 있다.

아일랜드의 시인이자 소설가인 크리스티 브라운은 짧은 인생을 살았지만 그 사이에 무려 55권의 소설과 세 권의 시집을 남겼다. 크리스티 브라운은 태어나자마자 중증 뇌성마비 증세를 보였고, 전신이 뒤틀리고 마비되어 소년 시절에는 왼발

밖에 쓰지 못하는 반 식물인간 신세였다. 하지만 그는 자신의
강인한 의지로 끊임없이 기적을 창조했다.

크리스티 브라운은 아일랜드 더블린의 한 가난한 집안에서
태어났다. 태어나자마자 심각한 뇌성마비 증세를 보인 그는
다섯 살 때까지 걷지도 말을 하지도 못했고, 머리와 팔, 다리
를 마음대로 움직이지도 못했다. 그의 부모는 용하다고 소문
난 의사란 의사는 모두 찾아다녔지만 그의 병을 고칠 수는 없
었다.

어느 날 여동생이 분필로 칠판에 글씨를 쓰는 것을 본 브라
운은 자기 신체 중 유일하게 움직일 수 있는 왼발로 분필을 집
어 바닥에 그림을 그렸다. 시간이 흘러 크리스티 브라운은 어
엿한 성인이 되었고, 어느새 왼발로 글씨도 쓰고, 그림도 그리
고, 시도 적을 수 있게 되었다.

1954년, 스물한 살이 된 브라운은 자신의 첫 번째 자전소
설《나의 왼발》을 발표했다. 그리고 16년 후에는 그의 또 다
른 자전소설《나의 시간들》을 발표했다. 이 소설은 수많은 독
자들의 사랑을 받았다. 책에는 그의 진솔한 감정과 인생철학
그리고 감동적인 이야기가 잘 묘사되어 있었다. 그의 책은 세
계적인 베스트셀러가 되었고, 영화로 제작되기도 했다.

1972년 크리스티 브라운은 어여쁜 아일랜드 여성과 결혼
식을 올렸다. 그는 아내의 지극한 사랑과 보살핌을 받으며 여
러 편의 소설과 세 권의 시집을 완성했다.

성공한 사람들이라고 해서 결코 순탄한 길을 걸어온 것은

아니다. 그렇다고 그들이 엄청난 능력을 가진 것도 아니다. 그들의 성공 비결은 아무리 거센 비바람이 몰아쳐도 그 비바람을 이겨내고, 비가 그친 후에 뜨는 아름다운 무지개에 감사할 줄 알며, 언제나 긍정적인 마음을 유지하려고 노력한다는 것이다.

운이 없는 사람이
가장 큰
행운을 누린다

인생은 고통, 고난, 즐거움이라는 실로 짜인 그물이다. 운이 좋은 사람은 고통과 고난이 적고, 운이 나쁜 사람은 이러한 고난이 훨씬 많다.

사람들에게 이 중 누가 더 운이 좋은 것 같냐고 물어보면 대부분은 '전자'라고 대답한다. 하지만 현실은 꼭 그렇지만은 않다. 운명은 그렇게 어느 한쪽으로 치우치는 법이 없어서 하나를 잃으면 다른 하나를 얻게 된다. 만약 무언가를 잃어서 슬프다면, 생각지도 못한 곳에서 더 큰 수확을 얻게 될 것이다. 그러니 너무 걱정하지 말길 바란다.

때로는 좋은 환경과 편안한 생활이 사람의 성장을 방해하기도 한다. 반대로 열악한 환경에서는 사람이 더 분발해 적극적으로 상황을 개선함으로써 한 단계 더 성장하기도 한다.

운이 없어서 인생의 온갖 시련을 견뎌야 하는 사람은 이러한 시련을 통해 몸과 마음이 더욱 단련될 수 있다. 고대 스파

르타에서는 해마다 청년들에게 태형을 내렸는데, 그 목적 또한 시련을 통해 인내심을 기르게 하려는 것이었다.

어쩌면 역경에 용감하게 맞서는 것이야말로 가장 큰 성공 비결이 아닌가 싶다. 가장 힘든 시기에 가장 뛰어난 업적이 나오기도 하는데, 이 또한 같은 이유에서일 것이다.

작가 슈테판 츠바이크는 말했다.

"운명은 위대한 인물의 인생에 비극의 옷을 입히길 좋아한다. 운명은 자신의 가장 큰 힘으로 위대한 인물을 시험하는 것이다. 운명은 일부러 황당한 일을 만들어 그의 계획을 방해하고, 그가 걷는 길 위에 무거운 장애물들을 놓아둔다. 운명은 이렇게 위대한 인물을 시험에 들게 하지만 그에게는 마땅한 보상이 주어진다. 고달픈 시련을 견디면 언젠가 좋은 일이 생기기 때문이다."

그러므로 때때로 운명의 장난으로 시련과 좌절이 찾아오더라도 너무 두려워할 필요 없다. 정말로 두려워해야 할 것은 안락함에 눈이 멀어 현실을 제대로 보지 못하는 것이다.

영국의 베스트셀러 작가 존 브리튼은 킹스턴의 한 가난한 집에서 태어났다. 그의 아버지는 한때 제빵사로 일했는데, 생활고를 견디지 못하고 결국 미쳐버리고 말았다. 브리튼은 이런 집안 사정으로 인해 한 번도 제대로 된 교육을 받지 못했다.

그는 삼촌이 운영하는 양조장에서 5년 동안 일했다. 그러다 어느 날 갑자기 양조장에서 쫓겨났다. 그는 그동안 모아둔 얼마 되지 않는 돈으로 떠돌이 생활을 했다. 빈털터리에다 별다른 재주도 없는 어린 소년이 그동안 얼마나 많은 시련을 겪었을지는 안 봐도 훤하다. 그의 자서전에는 이런 내용이 나온다.

"내가 일주일 동안 추위에 떨면서 버는 돈은 고작 18펜스였다. 그러나 그때 나는 공부에 미쳐 있었고, 겨울에는 난로를 땔 돈이 없어서 밤이면 침대에서 이불을 뒤집어쓰고 책을 봤다."

나중에 그는 런던 호텔에서 술 저장고를 관리하는 일을 맡게 되었는데, 매일 아침 7시부터 밤 11시까지 술 저장고 안에서 시간을 보내야 했다. 어두컴컴한 곳에 장시간 머물다 보니 그의 건강은 점점 악화되기 시작했다.

훗날 브리튼은 독학으로 공부를 해서 변호사가 되었고, 일주일에 15실링을 벌었다. 그는 일을 하지 않는 시간에는 글을 쓰거나 책을 읽었다. 브리튼은 이 시기에 많은 양의 책을 읽었는데, 책 살 돈이 없을 때는 서점에서 필요한 책을 다 읽어버렸다. 몇 년 후 그는 변호사 사무실을 옮기면서 주급이 20실링으로 늘었다. 그리고 그는 여전히 책을 읽고 공부하기를 멈추지 않았다.

스물여덟 살이 되었을 때 그는 자신의 첫 번째 책《피사로 구직기》를 출판했고, 죽을 때까지 창작 활동을 계속했다. 그는 무려 87권의 책을 출판했고, 그중에는 그 위대한《영국 대성당의 고대 풍습》14권이 포함된다. 이것만 봐도 그가 얼마나 부지런하고 대단한 사람인지 알 수 있다.

아마 그의 성공을 부러워하는 사람도 있겠지만, 그가 살면서 겪은 일들을 부러워하는 사람은 없을 것이다. 그건 나도 마찬가지다.

존 브리튼은 운이 정말 없는 사람이었다. 하지만 또 다른 각도에서 보면 그는 행운아이기도 했다. 만약 그가 힘든 어린 시절을 보내지 않았다면 그렇게 열심히 공부를 하지도 않았을 것이고, 그처럼 감동적인 작품도 쓰지 못했을 테니 말이다.

인생이라는 길 위에서 우리를 계속 앞으로 나아가게 하는 동력은 바로 시련과 좌절이다. 좌절은 인생을 더욱 단단하게 만들어주고, 가난은 사람들의 정신에 활력을 불어넣는다. 도전정신이 강한 사람은 시련을 즐긴다. 그들은 이러한 시련을 이겨내는 과정에서 자신의 천부적인 재능을 발견할 수 있다고 말한다.

사람들은 성공한 사람들을 보면서 세상이 불공평하다고 원망한다. 하지만 이들은 아름다운 결과만 보고, 성공한 사람들이 걸어온 험난한 길은 보지 못한 것이다. 비바람을 이겨내지 못하면 아름다운 무지개를 볼 수 없다. 그러니 원망을 멈추고 자기 인생에 닥친 시련과 좌절을 기꺼이 받아들이는 자세를 갖도록 하자.

가장 운이 좋은 사람은 가장 큰 좌절을 경험한 사람이다. 좌절로 인해 그들이 고개를 숙이지 않았기에 좌절은 결국 그들의 성공을 도왔다. 사람이 오로지 자신의 힘만으로 시련을 이겨내려고 할 때 그에게서는 상상치 못했던 의지가 나타난다.

역사적으로 가장 위대한 정치가, 사상가, 문학가의 일생도 평탄하지 않은 길 위에서 만들어졌다. 약자에게는 좌절이 깊은 늪지대일 뿐일지 몰라도 능력이 있는 사람에게 좌절은 중요한 자산이자 디딤돌이다.

아직도 좌절을 인생의 재난으로 생각하고 있다면 지금 당장 그 생각을 바꾸자. 용기 있게 도전하는 사람은 운이 좋든 나쁘든 자기에게 닥친 시련을 극복하고 성과를 만들어낸다. 편안하고 아늑한 환경은 인간의 타성을 길러내는 온실이지만 시련과 좌절이 가득한 환경은 위대한 사람을 길러내는 비옥한 토양이다.

이지수 옮김

중앙대학교 국제대학원 한중 전문통번역학과를 졸업하고 현대자동차에서 전문 통번역사로 일했다. 문학, 인문, 실용, 아동 분야의 전문 번역 작가로 원서의 배경과 문화를 잘 살피면서도 우리 작가의 글처럼 자연스럽게 읽혀야 한다는 생각으로 번역에 임하고 있다. 현재 번역 에이전시 엔터스코리아에서 출판기획자 및 중국어 전문 번역가로 활동하고 있다.

주요 역서로는 『기질 속에 너의 길이 있다』, 『내 인생 내버려 두지 않기』, 『내 안의 나와 나누는 대화』, 『떠나기 전에 나를 깨워줘』, 『사소한 것들로부터의 위로』, 『왼쪽으로 가는 여자 오른쪽으로 가는 남자』, 『나만의 무기』 등이 있다.

착하게 살았다면 큰일 날 뻔했다
: 타인은 타인일 뿐! 나는 나답게 살고 싶다

초판 1쇄 발행 2019년 6월 25일
초판 2쇄 발행 2019년 7월 8일

지은이 린야
펴낸이 정덕식, 김재현
펴낸곳 (주)센시오

출판등록 2009년 10월 14일 제300-2009-126호
주소 서울 은평구 진흥로67(역촌동, 5층)
전화 02-734-0981
팩스 02-333-0081
메일 nagori2@gmail.com

편집 고정란
경영지원 염진희
일러스트 니나킴
디자인 Design IF

ISBN 979-11-967271-0-9 03320